JN096104

浅田義久／山鹿久木 ［著］
Asada Yoshihisa　Yamaga Hisaki

入門
都市経済学

ミネルヴァ書房

は じ め に

　都市部に住む人口の割合を都市化率と言います。日本の都市化率は 1920 年に
は 18% でしたが，現在は約 65% です。地球全体でみても 2050 年までに約 70
％の人々が都市部に住むようになると，国連は報告しています。このことは都
市が成長していることの証でもありますが，一方で，都市に人が集中すること
の課題が顕在化してきている時代でもあります。SDGs の 11 番目の目標は「住
み続けられるまちづくりを」というものです。ここであげられている都市環境，
災害，住宅，交通などに関する達成目標は，都市を住みやすくするために世界
が早急に対応しなくてはならないものばかりです。
　日本においても，少子高齢化による都市や地域の生産性の低下や，特定都市
圏への集中，地方圏での人口流出や空き家の増加など，都市や地域で多くの問
題が顕在化しています。人々が生活する上で，どこで働き，どこで住むかとい
う選択は将来の都市の姿に影響を与える大変重要な問題なのです。
　それらを考える際に役立つ学問として，都市経済学や地域経済学（以下では，
両分野を都市経済学と記します）があります。学生のみなさんにとっての就職先に
も，自治体や不動産，流通，都市開発，交通といった都市経済学の知識が役立
つ産業はとても多くあります。しかし残念なことに，都市経済学の授業がある
大学が少なく，この分野の研究者になろうという学生も多くありませんし，都
市経済学を学んだ学生や大学院生を積極的に採用しようという企業も少ないよ
うに思います。しかし、最近の ICT（Information and Communication Technology）
の進歩やデジタル庁によるオープンデータの整備により，都市や地域に関する
多用で膨大なデータを誰もが入手でき，それらを活用して住宅，都市や地域の
分析を行うことができるようになってきているのです。そのようなより身近に
なったデータや技術を用いて，都市や地域の分析をより多くの人に行ってもら
いたいとの思いから，本書は読者の対象をかなり広く考えて書きました。経済
学を学んだことがない人々にも，経済学を学んでいる学生にはより経済学を分
かるように，都市経済学のゼミや博士前期課程の学生にとっては，研究の種を

まいてみようと思っています。

本書の目的と特徴

　もう少し，詳しく本書の目的と特徴をお話しします。都市経済学はミクロ経済学の応用として非常に適した分野であり，また上記のように，私たちの身の回りの問題から世界の都市に関する問題を検討するのに大変役立つ知識を提供してくれます。人は住宅に住んでいますが，その場所に住むことを決めた思考のプロセスは，本書で説明する居住地選択の理論そのものを行っているはずです。これは万有引力の理論を知らなくても，モノは落ちていくことと同じです。一般的なミクロ経済学の教科書で，消費者の最適消費理論を説明する際にはA財，B財と抽象的な財を用いていますが，住宅を用いると身近に感じると思います。また，それを援用すると，なぜ，都心のマンションの家賃が高いかも理解できるのです。

　ミクロ経済学の応用として学ぶ「市場の失敗」の例も，都市や住宅に関する身の回りの事例で多々みられます。例えば，外部性では，ミクロ経済学の教科書に出てくるような，工場と漁師の外部性より，隣のマンションの騒音や日陰の方が身近でしょう。また，規模の経済に関しても，工場での生産を考えるより，規模の経済の一種である集積の経済を例に，神田の古本屋や秋葉原の電気街の話をした方が理解しやすいでしょう。

　様々な規制が効率性を阻害していることも身近で体験できます。最近まで東京都心の大学では，校舎を拡張できませんでした。これによって，大学生の満足がどの程度減ったかは簡単に実感できるでしょう。これによって規制緩和の重要性も理解できるはずです。同様に，最近問題になっている格差問題も，地域への経済政策と関係させて考えると，どのような政策が日本にとって必要かが分かります。

　このように都市経済学の理論は，毎日の生活や住んでいる場所にかかわることを広く扱いますので，とてもイメージしやすく，理解が進むと思います。

　また，都市や地域に関する専門的な仕事に従事している人にとっては，近年重視されてきたEBPM (Evidence-based Policy Making)[1]をどのように行えば良いかの示唆も出しているつもりです。

本書の構成

本書は以下のような構成となっており，2人の執筆者が各自の専門に近い分野を執筆しています。

まず，第1章（浅田担当）では，都市や地域の問題点をできる限りデータを用いて網羅しようとしています。ここでは，都市や地域に興味を持ってもらえるように，理論を学ぶ前に様々な問題を皆様にお見せすることを目的としています。

また，第2章（浅田担当）で需要曲線，供給曲線といった市場メカニズムを用いて，住宅市場の分析手法を初心者にも分かるように説明しています。そして，様々な住宅政策をどのように人々の住宅や生活にどのように影響しているかが分かります。続く，第3章（浅田担当）では，消費者の立地行動や都市利用を検討するために，消費者行動を分析する無差別曲線と予算制約線を用いています。この無差別曲線を用いた消費者行動分析は近年のミクロ経済学の教科書では説明されていないことも多いようですが，本書では丁寧に分かりやすく説明したつもりです。この分析方法を用いないと消費者行動を理解することが難しく，人々の住宅選好や立地選好を説明できません。

第4章から第6章（いずれも山鹿担当）は地域経済学に近い分野を対象にしています。第4章では第1章でデータだけ紹介した地域間格差をどのように分析したらよいかを，統計を用いて解説しています。第5章では地域間の人口移動の理論と日本ではどのような移動が起こってきたかを解説しています。第6章では都市集積がどのように起こり，その結果として都市規模がどのように決定されるかをみていきます。

第7章から第9章（いずれも浅田担当）は住宅立地や地域問題以外で私たちが住んでいる都市や地域の問題を扱っています。第7章は人口減少下での維持が困難になりつつある都市の魅力を形成する都市インフラを，第8章ではインフラの中の1つである都市交通問題を扱っています。第9章はこれらインフラを整備するための都市財政と公共投資に関して扱っています。この第7章から第9章は連続して学ぶ必要はなく，第6章までの理論を踏まえ，興味のあるところ

---

(1) EBPM については，巻末の「自主研究のために」参照。

から学ぶことをお勧めします。

　本書では，章末に練習問題と自主研究のヒントを載せています。また，随所に簡単な実証分析を載せ，実証分析の学び方は巻末の「自主研究のために」に記載してあります。本書は多くの統計データを用いていますが，これらは年々変わってきて徐々に陳腐なものになります。そこで，練習問題や自主研究へのより詳しいヒント，利用したデータを更新して解説サイトに掲載します。また，教員の皆様が教えるために，作図で利用したPPTや，実証分析のより詳しい説明も下記Web上で公開します。

https : //sites.google.com/view/yasada-web/urbaneconomics_text

　最後になりますが，本書の企画をし，出版を受けていただき，遅筆な我々を我慢強く支えていただいた，ミネルヴァ書房の本田康広氏に感謝します。浅田は本田氏から，都市経済学の簡単で，社会でも有用な教科書を書かないかと薦められました。その後，東京圏以外に在住し地方圏の問題にも精通している，関西学院大学経済学部の山鹿教授に共著をお願いしました。2人はともに都市経済学を専門としていますが，都市経済学を学んできた道は異なっています。浅田は上智大学から大学院にかけて岩田規久男，故山﨑福壽両先生の指導の下，都市経済学を学び始めました。山鹿は大阪大学大学院入学後に八田達夫先生と大竹文雄先生に都市経済学の理論と実証を学びました。浅田と山鹿の今の関心が，これら著名な先生方の影響を大きく受けていることは言うまでもありません。

　また，本編の作成にあたり，日本大学経済学部安田昌平専任講師には全編にわたって理論的な問題から文章表現まで様々な示唆をいただいた。さらには，金井田結香（執筆当時慶應義塾大学大学院経済学研究科在籍），大島叶海（同），増田航平（同日本大学大学院経済学研究科在籍）君たちには実証，作図等の作業を手伝っていただきました。ここに記してお礼を申し上げます。

　2023年6月

浅田義久
山鹿久木

iv

入門都市経済学

目　次

はじめに

第Ⅰ部　居住編

第Ⅰ部

居住編

## 第 1 章

日本の地域と都市問題

　はじめにで記したように，日本の都市問題は人口減少下で急速に変化しています。第4章で概説するように，戦後の国土計画は，「国土の均衡ある発展」を標榜し，様々な施策で都市部への人口流入を規制し，人口，産業の地方分散を図ってきました。人口が増加していた経済発展期でも均衡ある発展には問題がありますが，人口が減少する中では，全国を一律に発展させることはかなり難しいと思います。現在は，都市をいかに効率的に構築するかが課題になってきています。

　また，従来の都市経済学の教科書では大都市を中心として扱い，都市の成長を分析することが標準でした。しかし，今後は人口減少下でいかに効率的な日本経済を構築するかという視点から，東京圏や大阪圏といった大都市圏だけではなく，地方圏での都市問題を扱える都市経済学も用意する必要があります。[1]本章では，現在の日本で検討すべき都市，地域問題は何なのか，様々なデータをもとに，第2章以下の都市経済学への興味を持ってもらうよう試みます。

① 人口減少が予想される中での都市問題・地域問題

　日本では，2005年から人口（住民基本台帳ベース）は減少しはじめ，[2]出生率も低下しています。そのため，今後も確実に少子高齢化が進むことになります。図1.1は総務省統計局の推定人口実績値（2021年まで）と国立社会保障・人口問題研究所（2023）の出生中位死亡中位推計の総人口と出生数／人口をプロットし

---

(1)　⑤でデータをお見せしますが，東京圏と大阪圏を同一に扱うのは都市問題を検討する際に適切かもやや問題です。
(2)　2006年，2007年は若干増加に転じますが2009年から2019年現在まで減少を続けています。

たものです。図から明らかなように，出生率が回復しない限り 2050 年には日本の総人口は 1 億人を割り，出生率が回復しても生産人口は，今後 20 年は確実に減少します。これは，大きな問題で，政府は 2% 程度の経済成長を前提として財政や年金の計画をたてていますが，生産人口が毎年 1% 減少すると，1 人あたりの経済成長率は 3% が必要となります。1 世代が 30 年として，私たちの次世代の人々は我々世代の約 2.5 倍の生産性が必要になります。これは可能なのでしょうか。これを次世代に課すのはかわいそうな気がします。

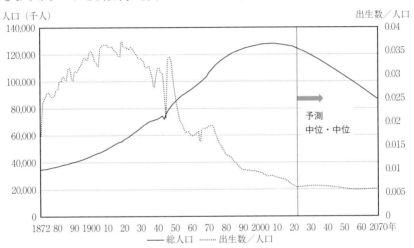

図 1.1　日本の人口，出生数の長期推移と将来予測
注：人口問題研究所では出生率と死亡率を高位・中位・低位を各 3 パターン推定しており，図はそのうち出生率，死亡率が中位であるものを図示している。
（出所）総務省統計局『住民基本台帳人口移動報告』，国立社会保障・人口問題研究所（2023）『日本の将来推計人口　令和 5 年推定の解説および参考推計』

　このような少子高齢化を伴う人口減少によって様々な懸念材料が出ています。1 つ目は，人口減によって経済成長が止まるというものです。たしかに，人口増加があると，1 国全体の GDP を増加させることが容易になりますが。しかし，人々の豊かさは，1 国の GDP ではなく，1 人あたりの GDP で計るべきでしょう。1 人あたりの GDP と人口成長率には明確な関係はありません。図 1.2 は OECD 加盟国とパートナーの，1995 年から 2013 年にかけての 1 人あたり GDP 成長率と人口成長率をプロットしたものです。右上がりの傾向はみられず，むしろ中国以外では右下がりのようにみえます。これは，経済発展論などで，より精緻

な分析に頼る必要がありますが，ある程度発展した国では，1国の人口による規模の経済はあまり発揮されなくなっているのではないでしょうか。むしろ第4章や第6章で扱う集積の経済を発揮できるような制度を築く必要があると考えられます。

　ただし，都市では住宅や道路，鉄道などストックなどがありますので，それらが遊休施設となり，第2章で扱う空き家問題，道路や水道などの老朽化による問題が発生します。

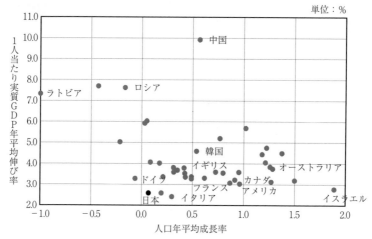

図1.2　国の人口増加率と実質成長率の関係
（出所）OECD サイト http://www.oecd.org/

2　東京一極集中ではなく中核市集中

　このような人口減少が続く中で，自治体が存続できなくなるという危惧も生じてきました。[3]平成の大合併によって，昭和60年度に3,253あった市町村は令和元年には1,724まで減少しています。これを見ると市町村数と人口変動は関係ないようです。

---

(3) 増田（2014）などで人口減少が論じられています。また，人口減少下の住宅土地問題は山崎・中川（2020）を参照。

　次に問題となっている東京一極集中が進んだとされていますが本当でしょう
か[4]。図1.3 は 1995 年から 2021 年までの政令指定都市[5]の人口成長率です。東京大
都市圏内の政令指定都市はたしかに高い人口成長率となっています。しかし，
札幌市，仙台市，名古屋市，福岡市なども 10% を超える高い人口成長率となっ
ています。この間の日本の人口成長率は 1.2% ですので，静岡市と北九州市以外
の政令指定都市が高い人口成長率だったことが分かります。

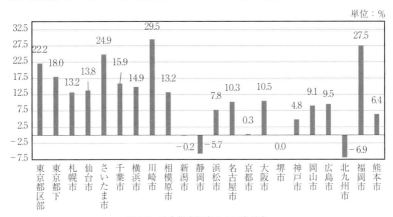

単位：%

図1.3　政令指定都市の人口成長率
注：各市区とも 2021 年の市区域に合わせて統合した市区町村を合計している。
（出所）総務省統計局『住民基本台帳人口移動報告』

　同時期の中核市[6]の人口成長率をみても（図1.4），中京大都市圏の中核市は高い
人口成長率になっている都市が多いことが分かります。また，図1.3，図1.4
をみると，ある範囲の地域では人口が 1 つの都市に集中する傾向がみられます。
これを地図上でまとめたものが図1.5 です。例えば，北海道では札幌市は高い成
長率になっていますが，道内の中核市はいずれも人口が減少しています。東北
では仙台市のみ高い成長率になっています。また，静岡県内では政令指定都市
が 2 つあり，浜松市は高い成長率なのに対し，静岡市の人口は減少し，同じ事

（4）以下の議論は斎藤史郎編著（2017）の斎藤氏と八田達夫氏の対談における八田氏の発言によると
ころが大きい。
（5）大都市制度上では「指定都市」ですが，本章では一般的に使われる政令指定都市と記しています。
大都市制度に関しては第 9 章参照。
（6）日本の大都市制度の 1 つで，福祉に関する事務権限が都道府県から移譲されます。政令指定都市
は行政分野の大半の事務権限が移譲されます。

単位：%

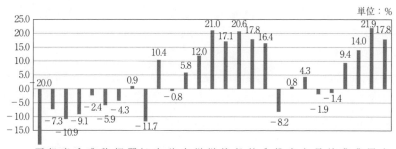

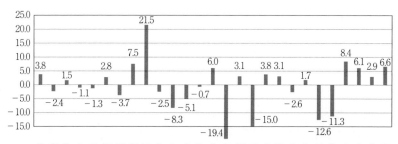

図1.4　中核市の人口成長率

注：各市区とも2021年の市区域に合わせて統合した市区町村を合計している。

（出所）総務省統計局『住民基本台帳人口移動報告』

象が福岡県でも起こっています。関西でも大阪市と神戸市の成長率は高くなっていますが，堺市は成長率が低くなっています。第7章で説明するように集積の経済は域外に漏出し，その結果周辺地域の人口集積を小さくしてしまいます。そして，都市規模はランクサイズルールというルールに則っており，それに応じた成長になっているようです。このように，少なくとも1995年から2019年までの人口推移をみると東京一極集中というより，一定の範囲の各地域で政令指定都市や中核市への集積が高まってきたということが分かります。

　ここで，注意すべきは，都市の集積を検討する際には，上記のような行政区域で行っては実態がつかみにくい点です。行政区域ごとに保育園や高齢者施設など地域公共サービスの供給施策が異なり，足による投票が起こっている場合

図1.5　政令指定都市，中核市の人口成長率の比較

の検討は行政区域別で検討する必要がありますが，集積の経済を検討する場合は都市雇用圏（Urban Employment Area）で検討する必要があります。特に，都市化の分析を行う場合は中心都市の人口集中地区 [(7)]（DID）が5万人以上の大都市雇用圏（Metropolitan Employment Area,MEA）での分析は必須です。これは，一定以上の人口があることなどが条件で，その都市へ常住人口の10%以上が通勤している地区を郊外市町村としてその雇用圏に含めてしまいます。すると，横浜市，川崎市，厚木市，さいたま市，千葉市などは東京都市圏に含まれてしまいます。

---

(7) 総務省統計局が国勢調査をもとに設定しています。その基準は，国勢調査基本単位区及び基本単位区内に複数の調査区がある場合は調査区を基礎単位として，①原則として人口密度が1平方キロメートル当たり4,000人以上の基本単位区等が市区町村の境域内で互いに隣接し，②それらの隣接した地域の人口が国勢調査時に5,000人以上を有するこの地域です。DIDはDensely Inhabited Districtの略。

表 1.1　都市雇用圏人口の推移

順位	都市圏名	2015 年	2010 年	2000 年		1990 年		1980 年		伸び率
1	東京都市圏	35,033,778	34,498,979	31,729,844	(1)	29,958,231	(1)	26,624,003	(1)	31.6%
2	大阪都市圏	12,047,129	12,238,814	12,116,540	(2)	11,842,283	(2)	11,170,018	(2)	7.9%
3	名古屋都市圏	5,761,054	5,490,453	5,318,500	(3)	5,086,551	(3)	4,538,832	(3)	26.9%
4	京都都市圏	2,801,044	2,679,094	2,583,304	(4)	2,485,352	(4)	2,361,205	(4)	18.6%
5	福岡都市圏	2,565,501	2,495,552	2,329,021	(5)	2,129,424	(6)	1,773,129	(6)	44.7%
6	神戸都市圏	2,482,039	2,431,076	2,296,268	(6)	2,214,270	(5)	2,047,561	(5)	21.2%
7	札幌都市圏	2,362,914	2,341,599	2,217,162	(7)	2,091,946	(7)	1,751,996	(7)	34.9%
8	仙台都市圏	1,612,499	1,574,942	1,555,691	(9)	1,395,486	(10)	1,248,616	(10)	29.1%
9	岡山都市圏	1,526,503	1,532,146	1,484,066	(10)	910,707	(14)	750,188	(14)	103.5%
10	前橋都市圏	1,263,034	1,453,528	458,996	(42)	449,543	(42)	—	—	—
11	広島都市圏	1,431,634	1,411,848	1,584,037	(8)	1,510,293	(8)	1,327,198	(9)	7.9%
12	北九州都市圏	1,314,276	1,370,169	1,425,920	(11)	1,428,014	(9)	1,524,747	(8)	− 13.8%
13	浜松都市圏	1,129,296	1,133,879	919,933	(15)	888,239	(15)	825,503	(13)	36.8%
14	宇都宮都市圏	1,103,745	1,120,057	888,005	(16)	800,459	(17)	547,545	(25)	101.6%
15	熊本都市圏	1,111,596	1,102,398	1,020,488	(12)	937,056	(12)	836,892	(12)	32.8%
16	新潟都市圏	1,060,013	1,071,152	947,310	(14)	913,198	(13)	726,983	(15)	45.8%
17	静岡都市圏	988,056	1,001,597	999,360	(13)	991,708	(11)	966,074	(11)	2.3%
18	岐阜都市圏	823,219	831,430	820,848	(17)	808,103	(16)	711,981	(16)	15.6%
19	那覇都市圏	830,532	830,525	746,762	(18)	692,229	(21)	616,010	(20)	34.8%
20	高松都市圏	819,327	830,040	670,104	(25)	648,535	(23)	592,555	(22)	38.3%

注：2010 年と 2015 年に順位変動はない。2000 年以前の（　）内は順位。なお，前橋都市圏や宇都宮
　　都市圏，岡山都市圏などは都市圏の範囲が大幅に変わっているので比較は難しい。

　表 1.1 は都市雇用圏人口の推移をみたものです。東京都市圏は 1980 年から
2015 年にかけて 31.6% 増加していますが，大阪都市圏以外の 10 位以内の都市
圏も東京都市圏と同様の伸び率を示しています。また，浜松都市圏や熊本都市
圏，新潟都市圏，那覇都市圏，高松都市圏など地方の都市圏も高い伸び率を示
しています。この都市雇用圏は国勢調査を基に膨大なデータ整理が必要なので
利用しにくいのですが，第 3 章以降で取り扱う理論的な都市圏はこれが該当し
ます。
　この都市圏を用いて前述のランクサイズルールをもう少し説明します。図 1.6
は，縦軸に 2015 年の日本の都市圏上位 143 の人口の対数，横軸はその都市圏の
順位の対数をプロットしたものです。都市のランクサイズルールは，ある地域
内の都市で，地域内で人口第 2 位の都市の人口が人口第 1 位の都市の人口の 1
/2，第 3 位の都市の人口は第 1 位の都市の 1/3，n 位の都市の人口は第 1 位の都
市の 1/n にとなるという法則で，人口と順位の対数をとると線形になります。
　図 1.6 をみると，ある程度直線に近くなっており，ランクサイズルールに従っ

ているとともに，東京都市圏がやや大きく，京都都市圏がやや小さいことが分かります。このランクサイズルールは都市規模で世界的にかなりの国で実証されていますし，時代を遡っても適応されることが分かっています。また，都市規模だけではなく，港湾や空港の規模や星（空の星です）の輝度や，皿を割ったときの破片の大きさまで適応されるそうです。都市規模や港湾，空港など，階層構造にあるシステムは空間経済学で分析されています。

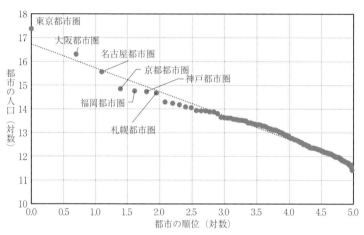

図 1.6　日本の都市圏のランクサイズルール

注：2015 年の都市圏上位 143 都市圏を用いている。

③ 地方道県内でも進む一極集中

　全国的にみると，②で述べたように中核都市に人口が集中していますが，地方の道県内でも一極集中が進んでいます。佐藤（2022）は，九州では福岡県への人口移動が進んでいるが，福岡県へ移動している大分県内では大分市以外の地域から大分市への転出が多くなっており，大分県内では大分市への一極集中が進んでいることを明らかにしています。図 1.7 は大分県内市の 2015 年から 2020年における人口転入超過数をみたものですが，大分県の中では大分県内の全市から大分市へ転出超過となっていますが，大分市では県外への転出が多いことが分かります。また，県外への転出の 30% が福岡県への転出で，東京都（9.3%），熊本県（7.0%）が続いており，九州では福岡一極集中となっていますが，大分県

単位：人

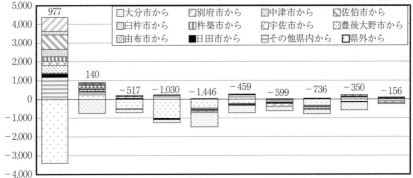

図1.7 大分県内市の人口転入超過数

注：棒グラフ上の数値は合計人口転入超過数。佐藤（2022）は住民基本台帳人口移動調査を用いているため数値が異なることと，下記表５の集計であるため，社会増とも数値が異なることに注意が必要です。

（出所）総務省『令和２年国勢調査』表５より集計

単位：人

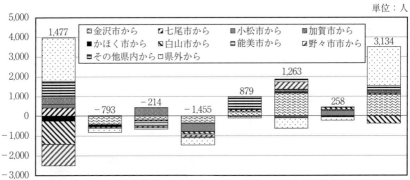

図1.8 石川県内市の人口転入超過数

内では大分市一極集中となっています。

　さて，筆者の１人が住んでいた石川県の人口転入超過をみたものが**図1.8**です。石川県はやや興味深い移動となっており，石川県内でも金沢市一極集中となっていますが，金沢市から近隣の白山市，野々市市へ転出超になっています。そして，この金沢都市圏（金沢市へ通勤する地域）へは隣県の富山県からも転入し

ています。これは，第3章で説明する中核都市人口集中と郊外化が起こっている典型例です。

このように，日本各地で道府県で1つか2つの都市に集中し，その集中都市から他県へ転出する可能性もあります。これらは第5章で理論的にみていきます。

④ 東京圏内でも転居が進む——東京圏の出生率は低くない

もう1つ懸念されている問題もみていきましょう。東京圏の合計特殊出生率が非常に低く，東京圏に人口が集中すると日本全体の出生率が低下するというものです。これを統計からみていきましょう。**表1.2**をみると，確かに東京圏の合計特殊出生率は全国より低い値になっています。この要因をみると，まず東京都など東京圏の未婚率が高いことが分かります。しかし，有配偶者1人あたりの出生者数をみると，東京都はその他地区より高いことも分かります。これは，東京都内で合計特殊出生率が低いのは未婚率が高いことが原因であることが示唆されます。また，東京都下や周辺3県はそれほど合計特殊出生率が低くないことも分かります。表には出していませんが，年齢別出生者数をみると，東京都内ではその他地域と比較し，かなり出生年齢が高いことも分かっています。**表1.2**からは，東京圏内の有配偶者の出生率が低いわけではないことも考え

表1.2　東京圏の出生率

	合計特殊 出生率	生涯未婚率 （男性）	生涯未婚率 （女性）	有配偶者 出生比率
その他全国	1.38	23.9%	15.2%	72.0
東京都	1.12	23.5%	18.4%	73.4
都区部	1.10	23.1%	19.8%	72.0
都下	1.17	24.5%	15.1%	74.3
埼玉県	1.27	26.3%	15.3%	66.6
千葉県	1.27	25.0%	14.7%	66.7
神奈川県	1.26	24.4%	14.7%	66.5

注：合計特殊出生率は人口動態調査，未婚率は国勢調査から転記。また，有配偶者出生比率は平成28年度の15歳以上50歳未満の女性が出生した出生数を平成27年度15歳以上50歳未満の女性有配偶者数で除して1000を乗じて求めました。
（出所）厚生労働省『令和2年度人口動態調査』総務省統計局『令和2年度国勢調査』

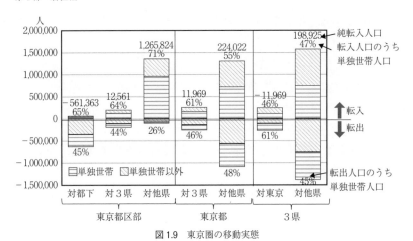

図 1.9 東京圏の移動実態

注：2015 年から 2020 年に転出入した人口を単独世帯とその他世帯で分けて集計。
（出所）総務省統計局『令和 2 年度国勢調査』

られます。

　ここで，未婚率と出生率の関係を転居という点からみていきましょう。前節では地方圏での居住地選択をみましたが，東京圏内外でも転居が多く起きています。図 1.9 は東京圏への転入転出，東京圏内での転居をみたものです。

　東京都区部から都下（都内の区部以外）へ純転出入は－24,877（転出超過）となり，転入のうち 36％ が単独世帯，転出の 21％ が単独世帯となっています。周辺 3 県（埼玉県，千葉県，神奈川県）には 45,003 人の転出超となっており，転入の 34％ が単独世帯で，転出の 19％ が単独世帯となっています。対して，1 都 3 県以外からは 252,857 人の転入超となっており，転入の 55％ が単独世帯で，転出の 11％ が単独世帯ということになります。以上から考えると，東京都区部へは若い単独世帯の人々が 1 都 3 県以外から多く転入し，結婚などの要因で単独世帯以外になった人々が周辺 3 県に多く転出しています。東京都全体でも同じ傾向で，単独世帯が転入し，単独世帯以外になると周辺 3 県に転出しています。

　周辺 3 県をみると，東京からもその他地域からも転入超過となっていますが，その他地域からは単独世帯からの転入が多く，東京からは単独世帯以外の転入が多くなっていることが分かります。

　このように，人々はライフサイクルに応じて，世帯特性が変化し，その時々

に効用を最大化するよう東京圏内外，東京圏内で転出入を行っていることが分かります。例えば，地方から単独世帯として東京圏に転入するときは，広い住宅は不要なため，都区部や都内に居住できますが，結婚や出産などにより広い住宅が必要になると，周辺地域に居住し，東京に就業するようになります。どのように住宅需要が変化するかは第2章，第3章で理論的に説明していきます。

　このような人々のモビリティは非常に重要です。ある地域の生産性が上がったとき，その地域に人々が移動しやすいこと，また，生産性が下がった地域から人々移動することが，人々の効用を高め，日本全体の生産性を上げることにもなります。興味深いことに，図1.10 は，横軸に各都道府県の転入率，縦軸に各都道府県の転出率を，1990年と2019年でプロットしたものです。図1.10 をみると，転入率が高い地域は転出率も高いことが分かります。逆に転入率が低い地域は転出率も低いことが分かります。また，東京圏への純流入が低下した1990年と2021年で流動性が高い都道府県はほぼ同じで，低い地域もほぼ同じです。また，同図では描いていませんが，域外間との流動性が高い地域は同一県内での流動性も高く，域外間との流動性が低い地域は同一県内での流動性も

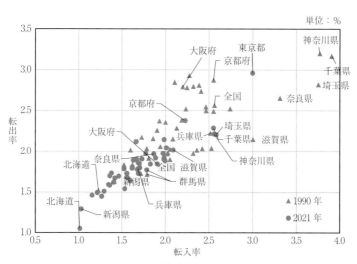

図1.10　都道府県間のモビリティ

注：転入率は県外からの転入者数を総人口で除した，転出率は県外への転出者数を総人口で除した数値。

（出所）厚生労働省『令和2年度人口動態調査』

低くなっています。

　そして，このような人口移動がどのような時期に起こってきたかについて，増田（2002）が興味深い考察をしています。図1.11は大都市圏への人口移動と経済成長率を重ね合わせたものです。1950年代から70年代の初めまでの高度成長期には，大量の人口移動が地方圏から都市圏に向けて起こっていますが，70年代の低成長期になると，人口移動も低迷し，地方圏からの人口の流出もほぼ止まっています。80年代に入ると，再び地方圏から大都市圏に向けて人口の流出が生じ，バブルといわれるこの時期は経済成長率も回復してきました。バブルが崩壊し，デフレ経済となった90年代には，大都市圏への人口の流入が以前よりも減ってきますが，景気が若干戻り，成長率がやや高くなった1997年から再び大都市圏への人口流入が増えていました。経済成長率と人口移動が正の相関を示しているようです。増田（2002）は70年代以降の経済成長率の鈍化は，生産性の低い地方から生産性の高い大都市に向けての人口移動が，何らかの理由で，停滞したために生じたとしていますが，因果性についての実証研究は定まっていません。

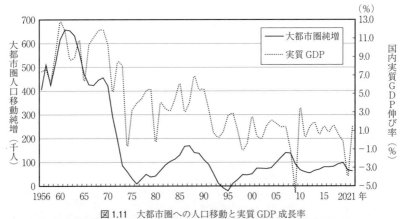

図1.11　大都市圏への人口移動と実質GDP成長率

注1：大都市圏は茨城県，栃木県，埼玉県，千葉県，東京都，神奈川県，山梨県，長野県，滋賀県，京
　　　都府，大阪府，兵庫県，奈良県，和歌山県，岐阜県，静岡県，愛知県，三重県
注2：増田（2002）を最新年次まで延長。
（出所）内閣府（2001）『国民経済計算報告　長期遡及主要系列　昭和30年〜平成10年』，内閣府（2021）
　　　『国民経済計算年報』，総務省統計局『住民基本台帳人口移動報告』

5 都市圏と地方の都市環境――どちらが住みやすい？

　本章の最後に，都市と地方のどちらが暮らしやすいかをデータをもとに考え
ていきましょう。暮らしやすさや住みたい街について様々なアンケートがあり
ます。不思議なことにこれらのアンケートの上位地域で人口が増加しているよ
うにはみえません。これは，第3章で理論的にお話ししますが，もし住みやす
い地域があるならその地域の土地の需要が増えて，地価も物価も上昇し，結局
満足度は低下します。ただし，人によっては，住みやすい地域は違うはずです。
4でみたように人々は年齢や所得によって転居します。地域別に都市環境が異
なっており，大学進学や就職，結婚時，子育て時，退職などの転機に自分にあっ
た環境の地域に転居することになります。これを足による投票といいます。第
7章で解説しますが，世帯特性によって住みやすい地域は変わってくるはずで
す。

　まず，東京圏の賃金水準が本当に高いのかを図1.12で簡単にみていきます。
まず，各県別の現金給与総額で，全国を100とすると，東京都は125.4と高く，
その他の府県で全国平均を超えるのは愛知県（106.6），神奈川県（102.3），大阪府
（101.1）の3府県しかなく，標準偏差は8.57と偏りが大きく，東京都が突出して
高いことが分かります。ただし，これで東京都内の賃金が高いと思ってはいけ
ません。

　居住地，就業地を決める際には上記の粗賃金から通勤費を除いた純賃金を考
える必要があります。日本の企業では定期代を会社で負担することが慣例と
なっていますので，通勤費は機会費用を考えることになります。ここで，通勤
の機会費用は時間給とします。片道通勤時間をみると，全国の中位値は26.8
分ですが，都道府県別には神奈川県（45.6分），千葉県（44.7分），埼玉県（42.3
分），東京都（41.0分）と東京圏が上位を占めています。この通勤時間に時間費用
（現金給与総額／総労働時間）を乗じて通勤費を計算し，上述の粗賃金から通勤費
を引いて全国を100とした純賃金指数を出すと，東京都は117.4にまで低下し
て，標準偏差は7.44と分散は小さくなります。そして，注目すべきは，埼玉県
が77.6と全国46位，千葉県が81.2と全国43位とかなり低くなることです。通

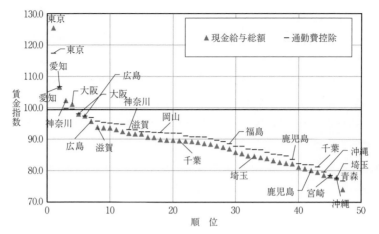

図 1.12　都道府県別賃金指数

注：賃金は『毎月勤労統計調査』の事業所規模 30 人以上調査産業計の現金給与総額。通勤時間は『住宅・土地統計調査』の各県別通勤時間中央値を用いている。

（出所）厚生労働省（2020）『令和 2 年毎月勤労統計調査』, 総務省統計局（2015）『平成 30 年住宅・土地統計調査』

勤費用が高いため，実質賃金が低くなっていることが分かります。

　上記のように実質給与はそれほど差がないと分かりましたが，居住環境はどのようになっているかをみてみましょう。

　まず，住宅所有のテニアチョイス（持家か借家か；第 2 章参照）をみてみましょう。ここで，図 1.13 から県別持家比率（持家数／全住宅数）の推移をみてみましょう。一般的には，所得が上がれば持家は増えるといわれますが，全国的に見てもこの 30 年間ほとんど持家比率は変わっていませんし，東京圏や大阪圏では持家比率が増えていますが，九州などは逆に下がっています。

　この持家比率の分析はやや難しくなります。例えば，図 1.14 は持家率と転出入率の関係をみたものです。何となく転出入率が低い地域は持家率が高い傾向がみられます。しかし，因果関係を考えてみましょう。持家に住んでいると転居しにくくなりますが，転居する可能性がある人は持家を購入せず，借家に住むのではないでしょうか。その他どのような要因があるか考えてみましょう。

　では，1 人あたりの居住面積（畳数）はどのようになっているのでしょうか。図 1.15 は 1978 年から 2018 年にかけての都市圏別，持家・借家別の 1 人あたり居住室の広さの推移をみたものです。持家も借家も，東京圏は若干狭いものの

単位：％

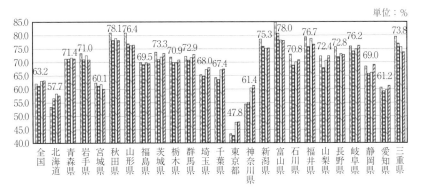

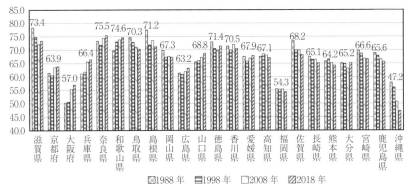

▨1988 年　▤1998 年　☐2008 年　▨2018年

図 1.13　都道府県別持家率の推移

（出所）総務省統計局『住宅・土地統計調査』

徐々に他地域との差は小さくなっています。また，各地域とも年々 1 人あたりの広さは広くなっていますが，これは世帯人員の減少によるところも大きいようです。

　さて，上記の賃金に関係があると思われる教育の経済的な地域差がどのような理由から生じるかを考えてみましょう。子供の教育のために転居するという「孟母三遷」は都市経済の理論を表しています。自分の子供の教育に一番適している地域に足による投票を行うというものです。特に，第 7 章で扱う待機児童問題は足による投票が起こりやすくなります。なぜなら，ある地域で待機児童がいるとして，保育所の設置計画から入所までに 3 年あれば自分の子供が，0歳児であれば，少なくとも 3 年は入所できないことになります。すると，保育所の設置を要請したり，設置を計画している地域にいるより，入所できる可能

単位：%

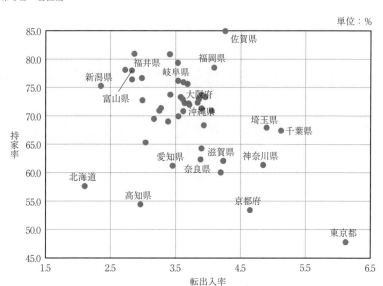

図1.14　持家率と転出入率の関係

注：持家率は2018，転出入率は2019年。
（出所）総務省統計局『平成30年住宅・土地統計調査』，厚生労働省『令和元年度人口動態調査』

性が高い地域に「孟母三遷」することになります。所得制約もありますが，持家より借家に住む誘因になります。小学校，中学校は義務教育なので入れないということはありませんので，一部にはよりよい教育を求めて「孟母三遷」する可能性はありますが，保育所を求めて「孟母三遷」するほど誘因は大きくありません。前述のように，待機児童問題は第7章で扱いますので，ここでは大学進学率と世帯あたり教育費をみていきましょう。**図1.16**は世帯当たりの教育費と都市圏別の格差をみたものです。1世帯あたりの教育費は名目値ですが1994年度をピークに徐々に減少しています。これは家計による支出なので政府による教育投資と一緒に考えるべきです。日本はOECD加盟国の中で，政府支出に占める教育投資は最低レベルであることが分かっていますが，これ以上詳細は巻末にもある教育経済学の参考書をみてください。地域別にみると，東京圏は，1975年度以降はおおよそ全国平均の1.4倍程度で推移しています。対して，中京圏や大阪圏はその他地域とあまり変わらないことが分かります。

　では，家計の教育費が大学進学率とどのような影響を与えているかを**図1.17**

単位：畳

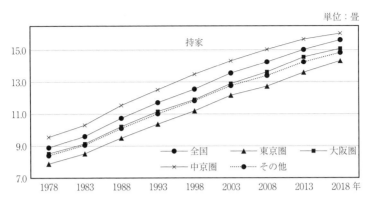

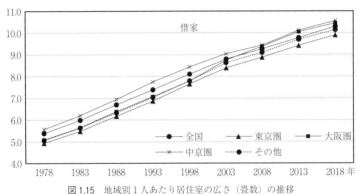

図 1.15 　地域別 1 人あたり居住室の広さ（畳数）の推移

注：東京圏は東京都，埼玉県，千葉県，神奈川県。大阪圏は大阪府，京都府，兵庫県，奈良県，和歌
　　山県。中京圏は愛知県，岐阜県，三重県。
（出所）総務省統計局『住宅・土地統計調査』

でみていきましょう。図からは世帯あたりの教育費が高い都道府県では大学へ
の進学率が高いようです。ただし，大学に進学すれば生涯所得が必ず増えると
いう訳でもありませんし，教育費を増やして大学進学すれば良いという問題で
もありません。少し脱線しますが，祖父母から孫への教育のための贈与が優遇
されていますが，教育投資より他の金融投資の方が，収益率が高いと思われる
世帯には不利になります。教育投資を推奨するには，教育に外部性があること
を明らかにするエビデンスを示し，その外部性に対して補助しているとすべき

---

(8) 外部性については第 2 章を参照。

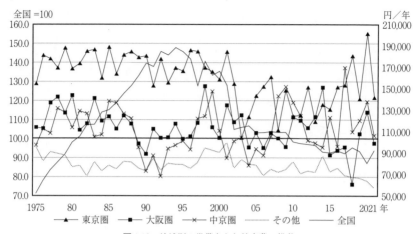

図 1.16　地域別 1 世帯あたり教育費の推移

注：全国は全世帯の世帯平均実額。名目値であることに注意。その他は全国を 100 とした指数。また，
　　家計調査年報の全世帯の対象は何度か変更されていることに注意。

（出所）総務省統計局『家計調査年報』

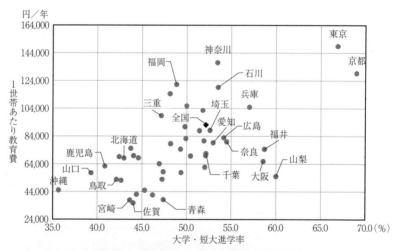

図 1.17　1 世帯あたり教育費と大学進学率の関係

注：世帯あたり全国は 2021 年の実額。大学進学率は 2021 年春の高校から大学・短大（本科）への進
　　学者数を 2018 年春の中学卒業者数で割って算出。[9]

（出所）総務省統計局『家計調査年報』文部科学省『学校基本調査』

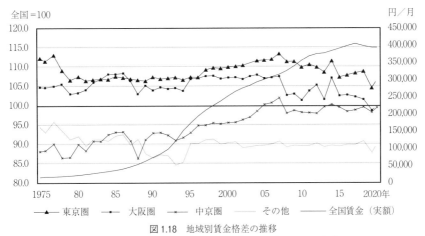

図 1.18　地域別賃金格差の推移

注：都道府県別常用労働者の平均現金給与額——月額（事業所規模 30 人以上）を用いた。
（出所）厚生労働省『毎月勤労統計調査年報』

でしょう。

　では，賃金の地域差をみていきましょう。**図 1.18** は，全国の賃金推移（名目）と都市圏別の水準（全国＝100）の推移をみたものです。これをみると，格差が拡大しているとはいえません。特に，1995 年以降，地方圏はほぼ一定です。

　さて，このような賃金格差で人々が移動するかを，東京圏を対象に簡単にみてみましょう。**図 1.19** は東京圏の賃金水準（全国＝100）と東京圏への純流入人口の推移をみたものです。80 年代後半から大都市圏とその他地域の賃金比率の変化がなくなり，その結果，純流入が減少しています。ところが，90 年代後半から 2007 年頃まで賃金水準の格差が大きくなり，それとともに純流入が増加し，2007 年以降賃金格差が縮小しています。

　最後に，地域の安全や暮らしやすさに地域差があるのかをみていきましょう。

　図 1.20 は全国の人口 1,000 人あたり刑法犯認知件数の推移と各地域の犯罪水準（全国＝100）の推移をみたものです。1970 年から 95 年にかけて，全国の刑法犯認知数は微増でしたが，景気の低迷や雇用面での不安などもあり，1995 年か

────────────────

（9）　一般的に大学進学率は高校卒業者のうちの大学進学者の割合を出していますが，これは中学や高校から就職した人を除いてしまいます。ただ，図 1.17 の推計でも高校時代に移動した人や浪人している人を除いて考えています。出生率も同じですが，閉じた地域ではなく移動が可能な地域で進学率や出生率を考える場合は解釈が非常に難しくなります。

純流入（千人）

賃金水準
全国=100

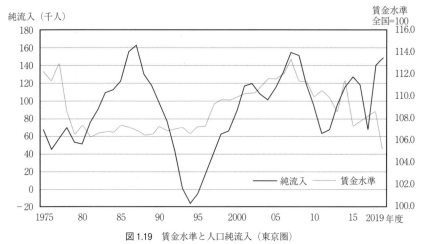

図 1.19　賃金水準と人口純流入（東京圏）

（出所）厚生労働省『毎月勤労統計調査年報』,『人口動態調査』

全国 =100

1,000 人あたり

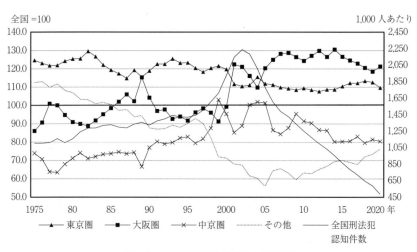

図 1.20　刑法犯認知件数の推移と全国比率

（出所）法務省『犯罪白書』

ら 2002 年にかけて急増しています。その後，景気の回復などによって刑法認知件数は急激に減少していきます。地域別にみると，東京圏はその他地域との格差が徐々に小さくなっていましたが，2000 年以降は下げ止まり，大阪圏は 2000 年頃から上昇していましたが，2014 年をピークに低下しています。この図から

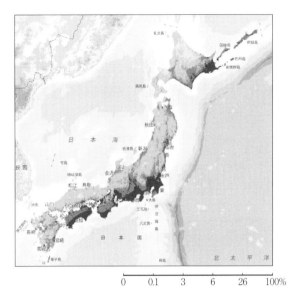

0　　　0.1　　　3　　　6　　　26　　　100%

図1.21　30年震度6弱以上の揺れに見舞われる確率の分布図

（出所）J-SHIS「全国地震動予測地図」http://www.j-shis.bosai.go.jp/map/

は，都市圏は地方圏より犯罪が多いことが分かります[10]。

　このような安全性に加え，もう少し大規模で広範な安全性として，地震など災害に関する安全性があります。

　図1.21は内閣府地震調査研究推進本部が公表している地震確率マップです。国土交通省でも様々な災害のリスク情報を地図に重ねることができる「重なるハザードマップ」[11]も公表しています。経済学では，このような災害リスクに対して，人々がどのような行動を採っているかを多くの研究者が分析しています。この点も第7章を参照してください。このような分析は広義では都市経済学の一部ですが，教科書に出ている例は少なく，巻末に災害に関する文献を載せておきますので参考にしてください。

　その他，住みやすさの指標として，いわゆる生活水準と，保育施設や高齢者施設といった特定の年齢層に対するインフラ水準があげられます。後者は第7章で詳細に分析しますので，ここでは生活水準について簡単に説明します。生

---

(10)　犯罪の地域別分析としては，少年犯罪に限定していますが大竹文雄・岡村和明（2000）参照。

(11)　https://disaportal.gsi.go.jp/参照。

活の指標としてよく使われる下水道普及率や都市公園面積には，確かに地域差
があります。下水道と都市公園は公共投資で整備されるインフラですが，対照
的な動きとなっています。下水道の地域格差をみると，全国平均では普及率は
伸びていますが，普及率の地域間格差は次第に解消されています。対して，都
市公園は都市部と地方部では格差が拡大しています。

⑥ COVID-19感染症による都市や地域経済への影響[(12)]

(1) 日本の都市構造への影響

　2020年1月から蔓延しはじめた COVID-19 は第2章や第6章で学ぶ外部不
経済であり，しかも集積の不経済が発揮されていると考えられるため，都市内
構造や，日本国内の都市構造にも影響を与える可能性があります。この問題は，
執筆時では COVID-19 が収束していないため，様々な分析も途上で，今後の展
開を見守る必要があります。ここでは，現在分かっている統計等から検討して
いきます。

　まず，日本全域で都市集積が後退するのではないかという疑問が出ています。
現状では，COVID-19 感染症が顕在化した後の国勢調査がないため，過去の推移
をみてみましょう。人口集積の指標はいくつかありますが，ここではハーフィ
ンダール・ハーシュマン指数（以下，HHI）を用いて検討しましょう。HHI は，
P をその国の総人口，P_i を i 番目の地域の人口とし，以下の式で算出されます。

$$HHI = \sum_{i=1}^{n} \left(\frac{P_i}{P}\right)^2$$

　この値が高いほど，人口集積が進んでいることを意味しています。日本の
HHI の推移をみたものが図 1.22 です。日本の HHI は右肩上がりの傾向で，後述
するように 1980 年代から 2000 年代初期の期間が横ばいですが，その後は集積
が加速しています。COVID-19 と同様に，人々の密集が感染拡大をもたらすこと
が分かっているインフルエンザ流行の前後をみると，集積が進んでいることが

---

(12) 本書では，新型コロナではなく国際正式名称である COVID-19 を用います。

分かります。日本国内で 45 万人の死者が出たスペインインフルエンザでさえも，流行収束後には人口集積が進んでいます。唯一，HHI が低下している時期は，第二次世界大戦末期ですが，これは疎開を通じて人口が分散した結果だと思います。このように，日本では，人口集積とパンデミックや大規模な経済ショックの間に直接的な関係はないようにみえます。他の先進国をみても，過去のインフルエンザによって長期的に人口集積が抑制された例はないようです。

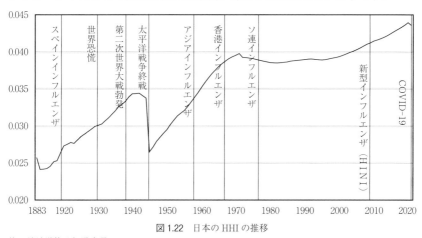

図 1.22　日本の HHI の推移

注：地域単位は都道府県

（出所）1884 年から 1918 年までは総務省統計局『日本の長期統計系列』，1920 年から 2000 年までは総務省統計局『我が国の推計人口（大正 9 年〜平成 12 年）』，2001 年から 2015 年までは総務省統計局『長期時系列データ（平成 12 年〜27 年）』，2016 年以降は総務省統計局『各年 10 月 1 日現在人口』

(2) テレワークの普及による都市，地域の変化

　COVID-19 感染症が蔓延するなかで，企業や学校などがテレワークを進めています。このテレワークの普及によって今後の都市構造に与える影響が検討課題になってきています。テレワークに関して，国土交通省が 2001 年からテレワーク人口実態調査を行っています。同調査の結果が図 1.23 です。確かに，雇用型在宅テレワーカーの比率は COVID-19 感染症の流行が始まった 2020 年以降急増しています。ただし，同調査によると地域別には首都圏では 20.5%（2018 年）→42.1%（2021 年調査，以下同様）と高いものの，近畿圏では 17.4%→27.3%，地方圏では 13.9%→17.7% とそれほど高くなっていません。今後の検討課題で

すが，首都圏のテレワーク比率が高いのは，産業構造の影響があり，集積の経済が高い業種や職種，例えば情報通信業（74.0％，2021 年以下同じ）や金融・保険業（49.3％）といった業種，研究職（64.1％）や管理職（51.1％）といった職種は都心に立地する必要性が高く，就業地は都心ですが時間節約のためテレワークも進んでいると考えられます。これら業種，職種は今回の COVID-19 感染症の流行で一層テレワークを進めたのではないでしょうか。

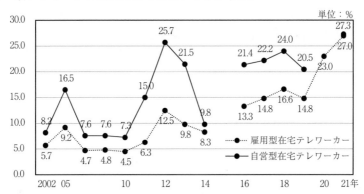

図 1.23　雇用型就業者・自営型就業者におけるテレワーカーの割合

注：この調査は 2001 年から 2008 年までは 3 年ごと，それ以降は毎年調査を行っています。2005 年まではテレワークの定義を週 8 時間以上として，2008 年以降は「ＩＣＴ等を活用し，普段仕事を行う事業所・仕事場とは違う場所で仕事をしたことがあると回答した雇用型のうち，勤務先にテレワーク制度等がある」と回答した人に変えています。また，2015 年は推定値の公表を行っていません。

（出所）国交省都市局『テレワーク人口実態調査――調査結果の概要』各年報道資料より

　さて，日本のテレワークの普及率は世界的にみてどの程度なのでしょうか。これは，今後のテレワーク普及の展望と，テレワークの普及がどのような影響があるかをみるために有用です。欧州ではテレワークに関して共通の定義でテレワーカー比率を算出した調査があります。[13] **図 1.24** は縦軸に 2003 年から 2015 年までのテレワーク比率の上昇率（2015 年テレワーク比率－2003 年テレワーク比率）を，横軸に 1 人あたりの名目 GDP（ドル）の成長率（2015 年 1 人あたり GDP／2003 年 1 人あたり GDP－1）を採ったものです。これをみると，テレワーク比率の上昇率が高い国の 1 人あたり名目 GDP の伸び率が高いことが分かります。ただし，

---

(13) European Foundation for the Improvement of Living and Working Conditions (2017) "Further exploring the working conditions of ICT-based mobile workers and home-based teleworkers"

これは因果関係の分析が難しく，経済成長が進み，1 人あたりの所得が増加した
ため，余暇時間の価値が増えテレワークに移ったのか，テレワーク比率が高ま
ると生産性が高まるのか，これだけでは分かりません。ただし，日本のテレワー
ク比率が低いことと 1 人あたりの名目 GDP が伸びていないことは確かです。
都市経済からやや離れますが，多くの大学でも遠隔授業が行われていました。
ところが，OECD の PISA 調査をみると，日本の高校生の PC 保有率は他の国々
より飛び抜けて低く，2018 年の保有率が 2009 年の保有率より低くなっていま
す。[14] 日本の ICT 技術の向上は急務だと思います。

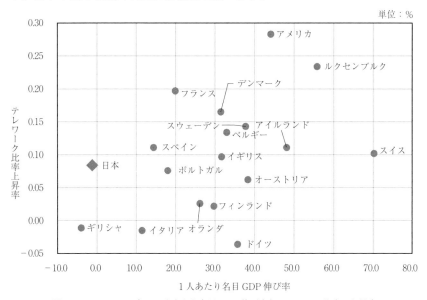

単位：%

図 1.24　2003〜2015 年の 1 人あたり名目 GDP 伸び率とテレワーク比率の上昇率
注：日本のテレワーク比率は国交省都市局『テレワーク人口実態調査——調査結果の概要』，スイスは
　　スイス連邦統計局を採用。
（出所）テレワーク比率は，2003 年は Statistical Indicators Benchmarking the Information Society，
　　　2018 年は European Foundation for the Improvement of Living and Working Conditions，人
　　　口及び GDP は OECD サイト http://www.oecd.org

(3) COVID-19 感染症の集積の不経済

　COVID-19 の感染拡大抑制策として 3 密（密集，密接，密閉）の回避が有効とさ

（14）OECD 生徒の学習到達度調査（PISA）の調査結果。詳細は文部科学省のサイトか OECD のサイ
ト（https://www.oecd.org/pisa/）を参照してください。非常に面白い分析になっています。

れています。これは感染を引き起こす人と人の接触確率が感染確率に直接影響すると考えられるためです。その結果，人口密度が高い地域では感染率が高くなると考えられます。以下では，簡単な手法で人口密度と感染確率の関係をみてみます。なお，本書ではいくつかのトピックスを実証分析しています。巻末の「自主研究のために」で実証分析の方法をまとめていますので，まずそちらを読んだ方が良いかもしれません。

❖実証トピックス1　COVID-19の感染率と人口密度の関係

　ここでは，COVID-19の都道府県別感染率に人口密度が関係しているかを
Excelで簡単に分析していきます。まず，COVID-19の都道府県別感染者数は厚
生労働省のサイトに掲載されています[15]。実証研究には様々な方法がありますが，
ここでは，簡単に重回帰分析を行います。まず，このような分析をする場合は
散布図を描いて何らかの関係があるかを検討します。図1.25は縦軸にDID人
口密度，横軸に感染率（2022年10月30日までの感染者数／2021年10月1日の推定人
口）です。

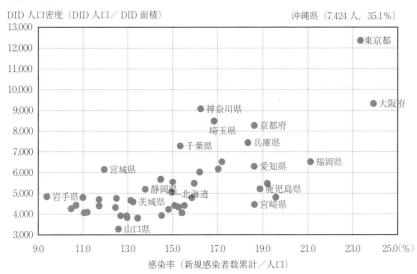

図1.25　人口密度とCOVID-19の感染率
（出所）厚生労働省サイト「データでわかる――新型コロナウイルス感染症情報」

　Excelで重回帰分析を行った結果が表1.3です[16]。これをみると，DID人口密度

---

(15) https://covid19.mhlw.go.jp/extensions/public/index.html（2022年10月31日アクセス）に
COVID-19に関するデータが載っています。

が高い地域は感染率が高いこと，ワクチン接種率が高い地域は感染率が低いことが分かります。これでは，因果関係を考慮していないので精緻なものではありませんが，これら以外の要因を説明変数に加えて分析してみましょう。

表1.3　COVID-19 感染率の回帰分析結果

概要

回帰統計	
重相関 R	0.893053
重決定 R2	0.797545
補正 R2	0.788342
標準誤差	0.020257
観測数	47

分散分析表

	自由度	変動	分散	観測された分散比	有意 F
回帰	2	0.071124	0.035562	86.66587	5.49E-16
残差	44	0.018055	0.00041		
合計	46	0.089179			

	係数	標準誤差	t	P-値	下限 95%	上限 95%	下限 95.0%	上限 95.0%
切片	0.61908	0.057665	10.73586	7.15E-14	0.502865	0.735296	0.502865	0.735296
DID 人口密度	5.82E-06	1.93E-06	3.010124	0.004312	1.92E-06	9.71E-06	1.92E-06	9.71E-06
ワクチン接種率	-0.73558	0.076547	-9.60946	2.25E-12	-0.88985	-0.58131	-0.88985	-0.58131

(16) Excel での重回帰分析の方法は「自主研究のために」を参考にしてください。地域データの入手方法もわかります。

[7] まとめ

1. 日本は少なくとも 20 年は，生産人口は減少していきますが，1 人あたりの GDP と国内総人口との関係は小さく，集積の経済をあげる施策が必要になります。

2. 従来から東京一極集中ではなく，中核市への集積が進んでおり，今後もその傾向は続くと考えられます。

3. 東京圏内外でも転入転出が多く行われ，総じて，単身世帯が東京圏（1 都 3 県）以外から東京都内に転入し，結婚や出産にともない非単身世帯になると，周辺 3 県に転出する。東京都内の合計特殊出生率は低いが，これはこのような域内外転出転入を考慮していないためです。また，都道府県別にみると転入率が高い地域は転出率も高く，モビリティが地域によって異なっていることが分かります。

4. 都市圏と地方圏の環境を比較すると，確かに都市圏では，賃金は高いものの，通勤費は高く，教育費も高くなっています。ただし，賃金の格差は大きくはなっていないし，犯罪率や都市公園などをみると，それほど都市圏が住みやすくなっているわけではありません。

5. CVID-19 の都市，地域経済への影響分析はこれから始まると思いますが，集積の不経済が起こったことは確かです。

[練習問題]

① 1 国の人口規模の経済と国内の集積の経済について違いを考えましょう。

② 東京圏の方が地方圏より賃金が高い場合，地方圏からどんどん人口が集中しそうですが，そうなっていない理由を考えましょう。

③ 東京圏や大阪圏の方が地方圏より犯罪率が高くなっています。所得が高い地域と所得が低い地域で犯罪が起こる要因と，防ぐ誘因を考えて，犯罪者が危険中立的であれば犯罪発生率がどうなるかを考えましょう。

第 I 部　居住編

自主研究へのヒント

① 　ランクサイズルールはある地域で成立するといわれていますので，あなたが住んでいる地域（東北地域とか関東地域など）で成立するかを実際のデータで検証してみましょう。また，過去でも成立するかを考えてみましょう。

② 　③で行った地域内での人口移動をみなさんの居住地（都道府県間，都道府県内）で調べてみましょう。

③ 　持家率にはどのような要因が影響するかを，地域別データをもとに推計してみましょう。子供の数や，地価などいろいろ考えられます。第二部の住宅編を学んだ後もう一度検討してみましょう。

④ 　**表**1.3 にその他の要因を加え，最新のデータで推定してみましょう。

第 2 章

住宅市場と住宅政策

　本章では，住宅市場の分析をするために，住宅の需要曲線，供給曲線と住宅市場の均衡と余剰について学んでいきます。これらはミクロ経済学入門の応用になります。次に，日本の住宅市場では様々な政府の介入が行われていますが，これら介入策を経済学的に検討します。最後に住宅市場で問題となる外部性や情報の非対称性について説明します。

① 住宅市場の需要曲線と消費者余剰

　以下では，住宅に対する需要曲線と供給曲線の導出と余剰について説明します。需要曲線，供給曲線の導出が分かっている人は③に飛んでもらっても良いと思います。

　ここでは，住宅市場が完全競争市場として仮定して分析を進めます。完全競争市場とは，①多数の消費者と生産者が市場に参加し，②価格は所与とされ，③取引されている財が同質であるような市場をさします。[1]住宅を購入しようとする消費者や住宅を販売しようとする生産者は多数いますし，よほどの立地ではない限り独占市場にならないと思いますので，①，②の仮定は成り立つと思います。③はかなり違和感があると思います。住宅といっても，戸建て共同建て（マンション）という建て方や，構造，立地場所などが異なっており，同質という仮定はやや現実味がないように思えます。経済学では最初は上記のような完全競争市場を仮定し，徐々にその仮定を緩めて現実的に検討できるようにしていきます。本節でも，まず上記の仮定のもとで，例えば都心から 10km にある

---

(1) その他にも外部性がないこと，住宅の質に関する情報の非対称性がないなどの仮定が必要になります。

新築の木造 2 階建て土地が 100㎡，延べ床面積が 120㎡の住宅市場を考えます。

　このような仮定から拡張する分析方法として，立地に関しては第 3 章の消費者行動を検討する際に取り扱います。質が異なる場合の住宅価格の分析するモデルとしてはヘドニック分析があります。これは「自主研究のために」で簡単に説明しますが，詳しくはそこで紹介する上級の教科書をご覧ください。また，住宅サービスを消費する場合にも持家住宅に住む場合と，賃貸住宅に住む場合があります。これはテニア・チョイス問題といわれています。テニア・チョイス問題は資本コストという概念を使わないと理解できません。これを詳細に説明するとかなりの分量になりますので，山崎・浅田（2008）を読んでください。[2]

　それでは，上記のような質の設定で，消費者の住宅消費量を考えていきます。

　一般的な経済学の教科書では縦軸に財の価格をとり，横軸に財の消費量をとり，右下がりの個人の需要曲線を導出し，これを水平に足し上げて市場の需要曲線を導出することになります。しかし，これも住宅市場に適応するのは現実味がなくなります。なぜなら，このような市場分析では価格を与えられると消費量が決定することになりますが，おそらく普通の人であれば，住宅の消費量は 1 戸なので，個人の右下がりの需要曲線を想定するのは難しいからです。

　そこで，ここでは各個人の住宅に対する支払意思額（Willingness to pay，WTPといわれています）から需要曲線を導出します。今，市場には A さんから J さんまで 10 人の消費者がいると仮定します。各消費者が当該住宅に対していくらまで支払って良いかという，支払意思額が**表 2.1** のようになっているとします。A さんはこの住宅に対して 6,000 万円，B さんが 5,500 万円等々となっています。この支払意思額が高い人から左から順に並べたものが**図 2.1** です。ここで，例えば，住宅価格が 5,000 万円だとすると，支払意思額が 5,000 万円より大きい A，B，C の 3 人がこの住宅を買うことになります。ここで，消費者余剰という概念を導入して人々の行動を考えていきます。消費者が住宅から得られる便益を金銭評価できると仮定し，この便益が上記の支払意思額になると考えます。その便益（支払意思額）から支出（実際に支払った額）を引いた値を(1)式の消費者余剰と定義します。

---

(2)「はじめに」で記載した本書の解説サイトにも説明を載せています。

表2.1　住宅への支払意思額と消費者余剰（住宅価格が5,000万円のとき）

	支払意思額	消費者余剰	
Aさん	6,000万円	1,000万円	購入する
Bさん	5,500万円	500万円	
Cさん	5,000万円	0円	
Dさん	4,500万円	−500万円	購入しない
Eさん	4,000万円	−1,000万円	
Fさん	3,500万円	−1,500万円	
Gさん	3,000万円	−2,000万円	
Hさん	2,500万円	−2,500万円	
Iさん	2,000万円	−3,000万円	
Jさん	1,500万円	−3,500万円	

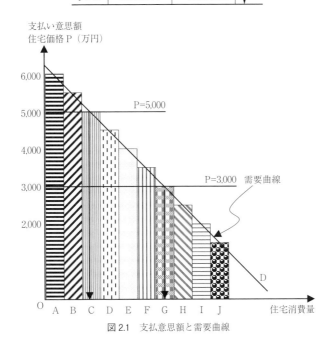

図2.1　支払意思額と需要曲線

消費者余剰＝便益（支払い意思額）−支出（実際に支払った額）　　(1)

経済学では消費者は合理的に行動すると仮定していますので，この消費者余

剰がプラスの場合はこの財（住宅）を購入し，マイナスの場合は購入しないことになります。

　住宅価格が 3,000 万円に低下すると，これら 3 人に加え D，E，F，G が住宅を買うことになり住宅消費量は 7 戸となります。このように考えると，この支払意思額を高い方から並べたものが，市場の需要曲線となります。なぜなら，価格が与えられると，その価格以上の支払い意思額である消費者の人数で消費量が決まるからです。棒グラフを書くのは大変ですので，今後は**図 2.1** の需要曲線 D のように直線で描いていきます。

　さて，ここで住宅価格と消費者余剰の関係をみていきましょう。住宅価格が 5,000 万円のときは A さんの消費者余剰が 1,000 円，B さんが 500 円，C さんが 0 で，市場合計だと 1,500 万円となります（**表 2.1** 参照）。住宅価格が 3,000 万円になると，A，B，C さんの消費者余剰も増え，D さんから G さんまでが住宅を購入して消費者余剰を得るため，1 億 500 万円となります。

② 住宅市場の供給曲線と生産者余剰

　次に，住宅を供給する生産者の行動を分析しましょう。住宅を生産する会社は複数の住宅を供給することが可能ですので，一般的な教科書のように個別の供給曲線を導出して，それを水平に足し合わせて市場の供給曲線を導出することも可能ですが，ここでは，需要曲線と同じように 1 社は 1 戸の住宅しか作れないとしましょう。今，住宅を生産する会社が 10 社あり，生産者も合理的に行動すると仮定すると，後述の生産者余剰がプラスの場合はこの財（住宅）を生産，販売し，マイナスの場合は生産しないことになります。

　いま，この住宅生産市場に参加している企業の住宅生産にかかる費用が**表 2.2** のようになっているとします。A 社は最も安く作れますが，ここでの前提はこの住宅市場で供給する住宅は同質ですから手抜きではありません。

　住宅を生産する費用が小さい会社から左から順に並べたものが**図 2.2** です。例えば，住宅価格が 3,000 万円だとすると，費用が 3,000 万円より小さい a 社，b 社，c 社の 3 社がこの住宅を生産，販売することになります。ここでも，生産者余剰という概念を導入して企業行動を考えていきます。企業が生産活動から

表 2.2　住宅建設の費用と生産者余剰（住宅価格が 3,000 万円のとき）

	費　用	生産者余剰	
a 社	2,000 万円	1,000 万円	生産する
b 社	2,500 万円	500 万円	
c 社	3,000 万円	0 円	
d 社	3,500 万円	−500 万円	生産しない
e 社	4,000 万円	−1,000 万円	
f 社	4,500 万円	−1,500 万円	
g 社	5,000 万円	−2,000 万円	
h 社	5,500 万円	−2,500 万円	
i 社	6,000 万円	−3,000 万円	
j 社	6,500 万円	−3,500 万円	

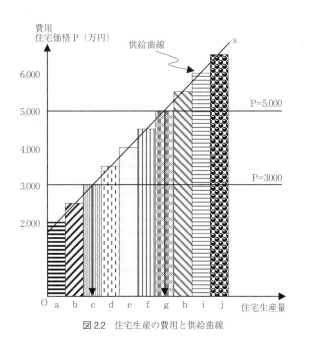

図 2.2　住宅生産の費用と供給曲線

住宅から得られる純利益を最大にすると考えます。ここで, 住宅取引から得られる純利益を, 取引から得られる収入から支出費用を引いた値を(2)式で生産者余剰と定義します。

$$\text{生産者余剰} = \text{収入} - \text{費用} \tag{2}$$

　住宅価格が 5,000 万円に上昇すると, これら 3 社に加え d, e, f, g が住宅を生産・販売することになり住宅生産量は 7 戸となります。このように考えると, この費用が小さい方から並べたものが, 市場の供給曲線となります。なぜなら, 価格が与えられると, その価格以下の費用で生産できる企業数で生産量が決まるからです。棒グラフを書くのは大変ですので, 今後は**図 2.2** の供給曲線 S のように直線で描いていきます。

③ 住宅市場の効率性

　図 2.3 は上記の住宅の市場需要曲線 D と市場供給曲線 S を重ねたものです。ここで, 需要曲線と供給曲線が交わった均衡点 E で, 需要と供給が等しくなります。これを市場均衡といい, 交点 E を均衡点といい, 均衡点に対応する価格 P_0 を市場均衡価格, 市場取引量 H_0 を均衡取引量といいます。

　ここで, 市場均衡について, まずどうして均衡点が達成されるかをもう少し詳しくお話しします。**図 2.3** で価格が P_1 だと価格が高いので, 消費者の需要は H_1 になります。対して, 生産者は収入が高くなるので, H_2 を供給しようとします。その結果, 価格が P_1 だと供給の方が多くなり, H_2H_1 の超過供給が生じます。超過供給があるとき価格が低下し, 超過供給が解消されるというのがワルラス均衡過程[(3)]です。逆に, P_2 だと需要の方が多くなり, H_2H_1 の超過需要が生じ, 価格が上昇し, 超過需要が解消されます。

　市場全体での均衡点 E における消費者余剰は面積 AEP_0, 生産者余剰は面積 P_0EI になります。経済学は資源配分に無駄が生じていないかを効率性で測ります。1 つの財・サービスの取引を考える部分均衡分析では, 効率性を社会的総余

---

(3) 市場均衡にはマーシャル均衡過程という考え方もあります。これらも本書の解説サイトにも説明を載せておきます。

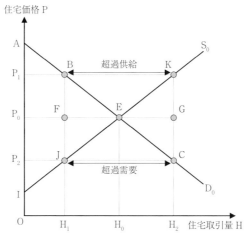

図 2.3　市場需要曲線，市場供給量曲線，住宅市場の均衡

剰で計算し，社会的総余剰が大きいほど効率性が高いと考えています。社会的
総余剰は消費者余剰と生産者余剰の和として表現されます（(3)式）。なお，ここ
では外部性も，課税や補助金もなく，住宅消費者と住宅生産者のみの余剰を考
えています。4 節以降では市場への参加者以外の余剰も考えていきます。

社会的総余剰＝消費者余剰＋生産者余剰　　　　　(3)

　したがって，図 2.3 の均衡点 E において社会的総余剰は面積 AEI で測られま
す。

　(3)式の社会的総余剰において，消費者余剰（(1)式）の支出と生産者余剰（(2)式）
収入は等しくなりますので，社会的総余剰は(4)式となります。

社会的総余剰＝便益－費用　　　　　(4)

　これを図 2.3 で確認してみましょう。市場均衡点 E における便益は面積[4]
AEH_0O に，費用は IEH_0O になりますので，AEI になり，(3)式を用いて求めた社
会的総余剰の大きさに等しくなります。

---

(4) 以下，余剰分析を行う際は面積と記さない。

　完全競争市場では，均衡点における社会的総余剰が最大になりますが，ここで確かめてみましょう。均衡取引量 H_0 より取引量が少ない取引量 H_1 と，取引量が多い取引量 H_2 の社会的総余剰を考えてみましょう。取引量 H_1 の場合，便益は ABH₁O，費用は IJH₁O になり，社会的総余剰は ABJI になります。均衡取引量 H_0 における社会的総余剰に比べて BEJ だけ小さくなります。何からの規制や，外部性などによって実現可能な社会的総余剰（ここでは，市場均衡 E）より少なくなった余剰（ここでは BEJ）を厚生損失や死荷重(5)（Dead weight loss）といいます。

　均衡取引量より多い取引量 H_2 の場合，便益は面積 ACH₂O に，費用は面積 IKH₂O になり，社会的総余剰は AEI － CKE になります。ここでも，CKE の死荷重が生じています。このように考えると，均衡点（均衡取引量 H_0）において社会的総余剰は最大になります。このように，余剰が最大化されて，これ以上増やせないときに，資源配分が効率的であるといいます。次節では，政府が住宅市場に介入し，外部性がある場合に死荷重が発生してしまうことをみていきましょう。

④　政府の介入

　住宅市場では，政府が介入することで，価格が均衡価格と乖離したり，取引量が均衡取引量と乖離したりすることがしばしばあります。そこで，本節では，政府の介入が価格，取引量，余剰に対してどのような影響を及ぼすのかを考察します。

(1) 政府による都市や住宅市場に対する介入
　③で学んだように，市場が完全競争市場であれば，政府は市場に介入せず，市場に任せた方が，資源配分が効率的になります。
　しかし，実際の多くの市場は完全競争市場ではありません。特に，都市や住宅市場では，①外部性，②情報の非対称性，③規模の経済，④公共財の供給問

___
(5) 死荷重は工学で別の意味で使われて紛らわしいのですが，本書では死荷重を使っていきます。

題などによって市場の効率性が阻害されます。また，効率性の問題以外では公
平性の観点から⑤所得再分配政策がとられています。

　以下では，所得再分配政策としての④で家賃規制，住宅補助政策などについ
で，⑤で外部性と外部性に対する対策，公共財の供給問題は第 9 章で取り扱っ
ています。

（2）家賃規制の影響

　まず，低所得層向けの住宅政策として家賃規制を考えます。

　日本では，強制的に家賃規制は行っていませんが，借家法で，増額請求権規⁽⁶⁾
制として家賃規制が行われています。このような家賃規制は米国のニューヨー
ク州でもとられていましたが，徐々に緩和されています。

　この家賃規制によって賃貸住宅市場がどのような影響を受けるかを，**図 2.4**
を用いて，**表 2.3** で余剰分析を行いながら検討していきましょう。

　家賃規制は，家賃の上限を設けることによって借家人の支払家賃を低下させ，
借家人の効用を上げることを目指しています。**図 2.4** で市場均衡家賃は r_0 と⁽⁷⁾
なっていますが，これが高すぎるとして，家賃上限を r_1 として規制されるとき
の余剰分析を行っていきます。上限家賃が r_1 だと消費者の住宅需要量が H' ま⁽⁸⁾
で増加し，家賃も r_0r_1 低下するので消費者にとっては効用が上がりそうです。し
かし，生産者は規制家賃 r_2 の下では，利潤を最大にする住宅供給量は H_1 で，そ
れより多く供給すると赤字になります。上限家賃がなければ，H_1H' の超過需要
が発生し，家賃が上昇して E に向かいますが，上限家賃が設定されているので，
超過需要は解消されません。

　では，これを余剰分析してみましょう。非規制下の余剰（表（ア）列）は簡単
なので説明はしません。規制下では家賃が r_1 となりますので，消費者余剰は規
制下と非規制下とを比較すると，規制下でもこの住宅に居住できる OH_1 の人た
ちの消費者余剰は家賃低下のおかげで，r_0FJr_1 だけ増加します。ところが，住宅

---

(6) 詳しくは解説サイトに説明を載せておきます。
(7) 一般的にいう満足を経済学では効用といいます。
(8) 家賃が決め与えられたときに需要（住みたい）する人の数が住宅需要量で，全員が消費（住める）
できるわけではないことに注意して下さい。

41

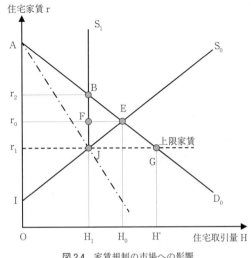

図 2.4　家賃規制の市場への影響

表 2.3　家賃規制の余剰分析

	非規制（ア）	規制（イ）	（イ）−（ア）
価　格	P_0r_0	P_1r_1	$r_1 - r_0$
取引量	H_0	H_1	$H_1 - H_0$
消費者余剰	AEr_0	$ABJr_1$	$BEF - r_0FJr_1$
生産者余剰	IEr_0	BE_1r_1	$-P_0E_0JF$
社会的総余剰	AEI	$ABJG$	$-BEJ$

供給量が減少したおかげで，この住宅に居住できなくなった H_1H_0 の人たちの
消費者余剰が BEF だけ減少します。この H_1H_0 の人たちは比較的支払意思額が
低い人たちで，所得が低い可能性があります。低所得者の人々のために行った
政策が低所得者の効用を下げる可能性があると言うことです。生産者余剰は受
け取る家賃が低下したことから全供給者の余剰が低下し，非規制下より r_0EJr_2
減少し，社会的総余剰は非規制下より BEr₁ 減少しています。

　このような家賃規制はその他にもいろいろな弊害を生み出します。

　ここで，表 2.3 は最も死荷重が小さい場合を考えています。なぜなら，H_1
までの消費者は支払意思額が大きい消費者がこの借家に入居できると考えてい
ます。これは可能でしょうか。まず，一般的に公営住宅などで用いられる抽選

制を考えましょう。家賃が r_1 のときは H′ までの消費者が入居を希望しているので，H′ までの人が応募します。ここで，入居できる人数は H_1 で。支払意思額が r_1 までの誰が当選するかは分かりません。結局，入居する人々の支払意思額は平均的に，曲線 AJ のようになります。すると，抽選制では ABJ の死荷重も発生します。これはランダム配分効果と呼ばれています[(9)]。

　次に，よく用いられる先着順だとどうなるでしょうか。先着順で入居者を決めると，列に並ぶ費用（機会費用[(10)]）がかかります。機会費用の高い人は列に並ばず支払意思額が小さい人のみが並ぶ可能性があります。また，闇市場が発生する可能性もあります。例えば，支払意思額が r_2 の人が抽選に落ち機会費用が高くて列も付けない場合に，r_1 より高い賃料で借りようとするインセンティブがあります。生産者にも r_1 より高い賃料で貸し出すインセンティブがあるので，公的（書類上）には r_1 で貸し出したとして，それより高い家賃で契約するかもしれません。昔ならダフ屋，今なら転売屋というのがこれに近い形態です。

　また，より長期的には，超過需要の状態では，新たに住宅を借りるのが難しいので，すでに借りている借家人は契約更新の時期が来ても賃貸契約を延長し，今の住宅に住み続けようとします。その結果，住宅を借りようとしている人にとっては，住宅を借りるのがますます不利になり，公平性の観点からも問題があります。より長期では，住宅の貸し手は，自分の持っている土地を他の事業に転用するインセンティブが出てきます。その結果，供給曲線は左にシフトし，賃貸住宅市場が縮小する可能性もあります。

(3) 建設規制

　直接的な所得再分配政策ではありませんが，最低限の居住環境を維持するという理由からも実施されている，ワンルームマンション規制を検討します。日本では政府は住環境基本計画で，最低基準面積水準や誘導居住面積水準を定め，ある規模以上の住宅建設を推奨していますが，これも建設規制に近いものです。興味がある人は調べてみてください。

――――――――――
(9) ランダム配分効果も紙幅が必要になりますので解説サイトに載せます。
(10) 機会費用とはある行動を行ったために失った価値をいいますが，ここでは並ぶことによって働けなかった人の賃金になります。その結果，働かなければならない人がこの住居に住みにくくなります。

　地方の方には馴染みがないかもしれませんが，地方から東京圏の大学に来る際には身近な問題になります。東京では，2000年頃からワンルームマンションの建設規制が始まり，現在では，全特別区で条例や建築指導要綱による規制が行われています。23区以外でも大阪市など，ワンルームマンション規制を行っている自治体は多くあります。これらワンルームマンション規制は公共サービス供給が困難であるからという理由もあるようです。

　では，ワンルームマンション規制が住宅市場にどのような影響を与えるかを，**図2.4**で分析してみます。いま，H_1で住宅取引を規制するとします。すると，実質的に供給曲線はIJBというキンクした曲線S_1になります。この時，均衡家賃はどこになるでしょうか。もし，r_1であれば，家賃が安いのでH_1H_2の超過需要が発生し，家賃は超過需要が解消されるr_2まで上昇します。さて，その際の余剰分析を行ってください。**表2.3**のような余剰分析表を作成することをおすすめします。死荷重は家賃規制と同じようになりますが，消費者余剰と生産者余剰の増減が変わってきます。

　その他，住宅の建設規制としては用途規制がありますが，これは⑤の外部不経済の是正が目的だと思いますので，そちらをみてください

(4) 住宅取得補助政策

　日本では公平性の観点から住宅取得に対して様々な施策が採られています。政府の補助だけではなく，住宅手当を設けている企業も多いようです。その中では，住宅ローン減税は景気刺激策としても利用されているようです。

　住宅取得に補助金が出す政策が住宅市場にどのような影響を与えているのかを示したのが**図2.5**です。住宅を買おうとする消費者に住宅を取得すると，Sの補助金を出すことを考えます。この住宅に対して，消費者は需要曲線の支払意思額を持っていますので，住宅に対して，需要曲線分の価値を感じており，取得するとSの補助金を得ることができるので，支払意思額が補助金Sだけ上にシフトすることになります。市場では新しい需要曲線D_1と供給曲線S_0の交点E_1が均衡点となり，補助金込み均衡価格はP_1，均衡取引量はH_1となります。さて，この課金による効果の余剰分析をしてみましょう。余剰分析は**表2.4**ように価格から1つずつやっていくと分かりやすいと思います。補助前の余剰（表

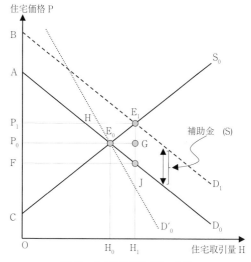

図 2.5　住宅取得補助政策の効果

表 2.4　住宅取得に対する補助政策の余剰分析

	補助前（ア）	補助後（イ）	（イ）−（ア）
価　格	P_0	P_1	$P_1 - P_0$
取引量	H_0	H_1	$H_1 - H_0$
消費者余剰	AE_0P_0	BE_1P_1	$P_1HJF - BE_1HA$
生産者余剰	P_0E_0C	P_1E_1C	$P_1E_1E_0P_0$
補助金	—	P_1E_1JF	
消費者享受	—	P_0GJF	
生産者享受	—	$P_1E_1GP_0$	
社会的総余剰	AE_0C	$AE_0C - E_0E_1J$	E_0FJ

　（ア）列）は簡単だと思いますので説明はしません。補助後は価格（実際に消費者が支払った価格）が P_1 となりますので，消費者余剰は BE_1P_1 と補助前より P_1HJF $- BE_1HA$ だけ増加します。生産者余剰は P_1E_1C となります。ここで，補助金総額（BE_1JA）の余剰を考えてみます。この補助金は住宅市場参加者を含め社会の誰かからの税金（国債でも同様です）で賄われます。そのため，社会的総余剰から控除する要があります。そこで，補助金を含めた社会的総余剰は(5)式のようになります。

$$社会的総余剰＝消費者余剰＋生産者余剰－補助金 \qquad (5)$$

　その結果，補助後の社会的総余剰は $AE_0C-E_0E_1J$ となり，補助前より E_1E_0J 少なくなってしまいます。これが住宅取得に対する補助金政策による死荷重です。

　さて，ここでこの補助金Sを誰が享受しているかを考えてみましょう。補助金Sは消費者がもらえることにしていますが，消費者が全額享受しているわけではありません。この補助金によって，消費者が払う住宅価格は P_0 から P_1 に上昇してしまいます。そして，補助金によって生産者が受け取る住宅価格も同額上昇します。その結果，消費者の補助金享受額は補助金総額から価格上昇分を控除した P_0GJF となり，生産者の補助金享受額は価格上昇文の $P_1E_1GP_0$ となります。

　図2.5では補助金享受額は消費者と生産者が同程度になっていますが，これは需要曲線，供給曲線の弾力性[11]によって変わってきます。図2.5の D'_0 のように需要曲線が非弾力的な場合に S_0 と比較して負担額がどうなるか検討してみてください。さて，よく郵送費など手数料は負担しますという宣伝がありますが，上記のように考えると需要曲線と供給曲線の弾力性によって負担率がきまりますので，注意してください。

　上記は補助金ですが，土地や住宅には様々な税金などが課金されています。税金以外でも大規模住宅開発などで，宅地等指導要綱を策定し，開発業者に公共財供給のための費用負担や寄付金を課している自治体が多くあります。[12]

　課金の効果も同じように余剰分析ができますので，供給者への課金を検討してみてください。その場合の社会的総余剰は(6)式のようになります。[13]

$$社会的総余剰＝消費者余剰＋生産者余剰＋課金（課税） \qquad (6)$$

---

(11) 弾力性に関しても解説サイトをご覧ください。
(12) 皆さんが住んでいる自治体で調べてみてください。この住宅等指導要綱により費用負担は裁判にもなっています。判例も調べてみましょう。
(13) 住宅や土地に対しては様々な課税がされています。これも本書の解説サイトに載せています。

⑤ 外部性とその是正策

（1）外部性と外部性がある場合の余剰

　①で記したように，完全競争市場では外部性も考慮していません。以下では，外部性についてお話ししていきます。外部性とは，ある主体の行動が市場を経由せずに他の主体の厚生（便益）に影響を及ぼすことをいいます。[14]特に，他の経済主体の厚生（便益）を下げる場合は外部不経済（負の外部性）と呼びます。対して，厚生（便益）を上げる場合は外部経済（正の外部性）といいます。

　では，ある地域の住宅市場，ここではマンションのような隣の戸建て住宅の日照を少なくして電気代が高くなるといった影響を及ぼす市場を考えます。政府が介入しない市場均衡は図2.6で，住宅を消費する需要者の需要曲線 D_0（限界便益になります）とマンション建設会社の本章②で述べた費用（建設会社の限界費用）である供給曲線 S_0 の交点 E_0 で決定され，取引量は H_0 になります。

　この，取引に参加していない周辺住民に対して，建物が一戸増えるごとに z

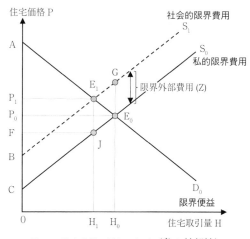

図2.6　住宅市場の外部不経済（負の外部性）

（14）外部性には「金銭的」外部性と「技術的」外部性があります。「金銭的」外部性は市場を経由しますので，非効率が生じません。対して，「技術的」外部性はここで扱っているように，市場を経由しないので非効率性を生じます。その他に「ネットワーク」外部性などもあります。

の大きさの費用（限界外部性）が発生するとしましょう。

　ここで，このような外部不経済が発生しているときの余剰分析をやってみましょう[15]。住宅価格は P_0，住宅取引量は H_0 ですから，消費者余剰は AE_0P_0，生産者余剰は P_0E_0C になり，社会的総余剰は AE_0C になるように思えます。ところが，この住宅建設によって隣接する家計に一戸あたり Z の外部費用を発生していて，これを市場全体で金銭換算すると図 2.6 の BGE_0C となります。外部費用とは財を取引している人（ここでは，マンション購入者と建設会社）以外が被っている費用をいいます。すると，外部性がある場合の社会的総余剰は(7)式のようになります。

$$\text{社会的総余剰 = 消費者余剰 + 生産者余剰 − 外部費用} \qquad (7)$$

　上記のように考えると，図 2.6 で住宅取引量 H_0 の場合は，

$$\text{社会的総余剰} = AE_0P_0 + P_0E_0C - BGE_0C = AE_1B\text{-}E_1GE_0 \qquad (8)$$

となります。

　このように外部性がある場合，社会的総余剰を最大にする住宅取引量はどうなっているか考えてみましょう。私的な限界費用に周辺住民にかかる外部費用を加えて，社会的限界費用として，この社会的限界費用曲線 S_1 と限界便益 D_0 が一致する住宅取引量 H_1 で社会的総余剰が最大になります。この H_1 より住宅取引量が少ない場合（左側）は，限界便益が社会的限界費用を上回っているので取引量を増やした方が社会的に望ましく，H_1 より住宅取引量が多い場合（右側）は，社会的限界費用が限界便益を上回っているので取引量を減らした方が社会的に望ましくなります。

(2) 外部性がある場合の効率化

　住宅取引量 H_1 の時の余剰を考える前に，どのようにすれば H_1 を達成することができるか考えていきましょう。まず，とにかく住宅取引量を H_1 にすれば良いのですから，規制するという方法があります。これは後述の日本の用途規制

---

(15) 余剰分析を行う際は，④ (2) のように表を作成して検討することをおすすめします。

などがこれにあたります。次に，価格メカニズムを用いることによって H_1 を達成することを考えてみます。この限界外部費用をマンション建設会社に課税するとマンション建設会社の私的限界費用が図 2.6 の社会的限界費用と一致し，マンション建設会社の利潤を最大化する住宅取引量が H_1 となります。このように市場を効率化するために，外部費用を供給者に課金することをピグー税といいます。この時の余剰分析をしてみましょう。ここでは，マンション建設会社に課税しているので，価格は P_1 になります。すると，消費者余剰は AE_1P_1，生産者余剰は FJC，税収＝外部費用＝P_1E_1JF ですが，税収は他の人の余剰になり，外部費用は費用で余剰から引くことになりますので，

$$社会的総余剰 = AE_1P_1 + P_0E_0C - P_1E_1JF + P_1E_1JF = AE_1B \qquad (9)$$

これで，市場に任せた場合（均衡点が E_0 で住宅取引量が H_0）の余剰分析もできるようになりますので，皆さんは表を作成してみてください。

ここで，2 つ注意すべきことがあります。1 つは，この税収を何に使っても資源配分は効率的（社会的総余剰が最大）になっているということです。マンションに隣接しマンション建設によって外部費用を負担している家計に配分しなくても，その他の地域の公共サービスを供給しても資源配分は最適です。次に，最適の時 (H_1) であっても外部費用 BE_1JC が生じているということです。外部費用を発生していても社会的総余剰が最大になっています。もし，この市場で外部費用を発生させないようにするとマンションを建ててはいけないことになります。社会的総余剰が正であれば，外部費用を含めた費用より便益の方が大きいからです。

もう 1 つ，(1)で説明したピグー税と同じく価格メカニズムを用いることによって H_1 を達成する方法があります。マンション建設会社に，建設をやめさせる補助金を与えるというものです。図 2.6 で考えると，H_1 の次のマンション（右）を建設する建設会社の利益は限界費用－私的限界費用でこれがプラスなので建設します。ここで，マンション建設を諦めるとこの差額分を補助するという建設する場合と建設しない場合で利益が等しくなります。これを H_0 まで続けるとマンション建設が H_1 になります。この補助金をピグー補助金といいます。このピグー補助金の場合の余剰分析は各自考えてください。ここで，補助金は誰か

の税金等で賄われますので，社会的総余剰では引く必要があります。ピグー税もピグー補助金も H_1 を達成することができて，社会的総余剰は同じですが，両者では所得分配が異なります。マンション建設会社は，ピグー税では税金を払い，ピグー補助金では補助金を貰っています。これは，前者は住民に日照を享受する権利を認めているのに対して，後者はマンションを建てる権利を認めているからです。

　ただし，ピグー税もピグー補助金も正確に外部不経済を計ることが難しく対策として導入するのはまだ早いようです。その他に，コースの定理と排出権取引の応用として開発権取引があります。コースの定理は当事者間の交渉で資源配分の最適化を達成するものです。上記ではマンション建設会社と周辺住民が交渉をすると効率的資源配分が達成されるというものです。ピグー税，ピグー補助金は政府がその額を決めるので中央集権的，コースの定理を分権的ということもあります。

(3) 外部性がある場合の政府の介入

　日本では，外部不経済の対策として用途規制が用いられています。用途地域は，都市計画法の地域地区の1つで，表2.5 のように市街地の土地利用に規制をかけるもので，現在は 13 に分類されています。用途地域が指定されると，建ぺい率，容積率，高さ制限，前面道路幅員別容積率制限，道路斜線制限，隣地斜線制限，日影規制などを決めることができます。[16]

　実際には，上記のように非常に難しく，コースの定理も交渉費用が0を仮定していますので，導入は困難です。そのため，日本では用途規制など規制を用いています。しかし，外部不経済に課金すると外部費用を小さくするよう企業や家庭が努力をするのに対して，規制を用いると外部費用を小さくするインセンティブが小さくなるので規制を用いても外部費用を少なくするインセンティブをいかに持たせるかが課題になると思います。

　一方，外部経済に対する施策は多くはありませんが，日本ではヒートアイランド現象の緩和など外部経済があることから屋上緑化，壁面緑化に対して補助

---

(16) これらの詳細は各自で確認してください。

表 2.5　用途地域

第一種低層住居専用地域	第二種低層住居専用地域	第一種中高層住居専用地域
低層住宅のための地域です。小規模なお店や事務所を兼ねた住宅や、小中学校などが建てられます。	主に低層住宅のための地域です。小中学校などのほか、150㎡までの一定のお店などが建てられます。	中高層住宅のための地域です。病院、大学、500㎡までの一定のお店などが建てられます。
第二種中高層住居専用地域	第一種住居地域	第二種住居地域
主に中高層住宅のための地域です。病院、大学などのほか、1,500㎡までの一定のお店や事務所など必要な利便施設が建てられます。	住居の環境を守るための地域です。3,000㎡までの店舗、事務所、ホテルなどは建てられます。	主に住居の環境を守るための地域です。店舗、事務所、ホテル、カラオケボックスなどは建てられます。
準住居地域	田園住居地域	近隣商業地域
道路の沿道において、自動車関連施設などの立地と、これと調和した住居の環境を保護するための地域です。	農業と調和した低層住宅の環境を守るための地域です。住宅に加え、農産物の直売所などが建てられます。	まわりの住民が日用品の買い物などをする地域です。住宅や店舗のほかに小規模の工場も建てられます。
商業地域	準工業地域	工業地域
銀行、映画館、飲食店、百貨店などが集まる地域です。住宅や小規模の工場も建てられます。	主に軽工業の工場やサービス施設等が立地する地域です。環境悪化が大きい工場のほかは、ほとんど建てられます。	どんな工場でも建てられる地域です。住宅やお店は建てられますが、学校、病院、ホテルなどは建てられません。
工業専用地域		
工場のための地域です。どんな工場でも建てられますが、住宅、お店、学校、病院、ホテルなどは建てられません		

（出所）国土交通省「都市計画法」

金を出しています。みなさんは、このような、市場を経由せずに他の主体の便益を与える場合の余剰分析を行ってください。図 2.6 の需要曲線は私的な限界便益ですが、これに外部限界便益を加えて、市場均衡と効率的な状態を比較してください。

(4) 空き家の発生と外部不経済

　日本では、近年空き家の増加が問題になっています。空き家率は 1993 年に 9.8％だったものが、2018 年には 13.6％ となっています（図 2.7 参照）。世帯数は依然増加しているものの、第 1 章でみたように、地方道県では人口がいくつかの都市に集中しており、空き家の増加は必然と思われるかもしれません。しかし、東京圏でも、郊外では空き家が発生していますし、図 2.8 のように東京圏、大阪

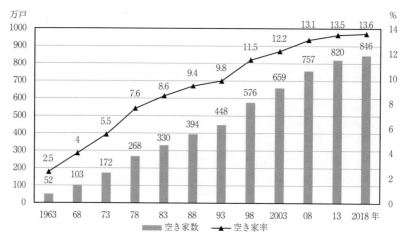

図 2.7 空き家数と空き家率の推移

注：1973 年調査まで総数のみの掲載だったため，2018 年まで全て空き家総数で推移を比較したため，
　　二次的住宅なども含まれている。

（出所）国土交通省『住宅・土地統計調査』

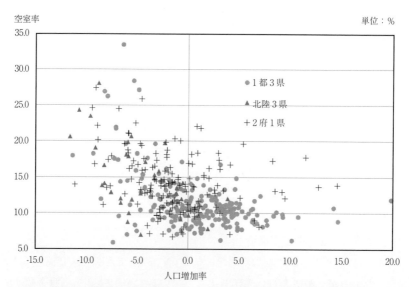

図 2.8 　1 都 3 県，北陸 3 県，2 府 1 県の市区町村別の空き家率と人口増加率

注：1 都 3 県は東京都，埼玉県，千葉県，神奈川県，北陸 3 県は富山県，石川県，福井県，2 府 1 県は
　　京都府，大阪府，兵庫県。人口増加率は 2015 年から 2020 年の国勢調査人口，空室率は 2018 年土
　　地・住宅統計調査

（出所）総務省都道府県・市区町村のすがた（社会・人口統計体系）

圏，北陸で比較すると人口増加率低い地区町村で空き家率が高くなっていますので，人口減少が続く現代では空き家発生は必然のように思えます。

　では，全く問題がないかというと開発時期の問題と外部性の問題があります。まず，空き家といっても様々なタイプがあります。図2.7で用いた『住宅・土地統計調査』では，①賃貸用の住宅，②売却用の住宅，③二次的住宅，④その他の住宅（以下，その他の住宅と記す）となっていますが，①②は利用する意思があり，③は別荘等なのでそれほど問題はありませんが，④は「転勤・入院などのため居住世帯が長期にわたって不在の住宅や建て替えなどのために取り壊すことになっている住宅など（空き家の区分の判断が困難な住宅を含む）」となっており，これが問題視されていると思われます。2018年の空き家総計846万戸のうち347万戸がこれにあたります。では，このその他の住宅をもう少し検討してみます。その他の住宅に関しては最適開発時点を考慮する必要があります。最適開発時点の説明は⑥の家賃と地価の問題の理解が必要で，本書のレベルを超えていますので簡単に記述します。(17)最適な開発時点は家賃，地代が開発費用（投資額）の利子率を超えた時点になります。そして，家賃や地代は周辺の開発によって変わってきますし，駅前が開発される前に通勤圏の開発がされることもあります。現在，空き家であっても開発を待っている場合の空き家は市場に任せても構わないということになります。

　対して，その空き家が外部不経済をもたらしている場合は，市場に任せず，本節で説明したピグー補助金で取り壊し費用を補助したり，ピグー税を課金したりすべきです。

⑥　住宅の情報の非対称性と政府の介入

　①，②では市場で取引される財に関する質などの情報は消費者と生産者の間では同じであると仮定して，完全競争市場が効率的であることを説明しました。ところが，実際は財の質に関する情報を消費者が完全に把握していることはないと思います。例えば，あのグロテスクな姿のナマコを，味を知らずに購入す

(17) 詳細は金本・藤原（2016）3章をみてください。簡単な説明は解説サイトに記載します。

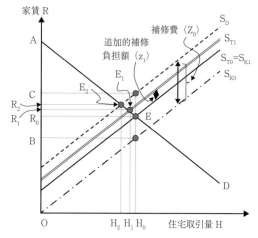

図 2.9　賃貸住宅市場のモラルハザード

る人がいるでしょうか。姿からだけ判断すると，消費者のナマコに対する支払意思額はかなり低いと思います。おそらく，おいしくないというリスクを感じているからです。すると，需要曲線はかなり左にあり，価格はかなり低くなるはずです。そのリスクがなくなると需要曲線が右上にシフトして市場での取引が増え，均衡価格も上昇します。

　以下では，住宅市場における情報の非対称性の問題を説明します。

(1)　賃貸住宅市場におけるモラルハザード

　まず，賃貸住宅の賃借人（借り手）の質に関する情報が賃借人と賃貸人（大家）で違うことから起こるモラルハザード（Moral hazard）に関して説明します。

　いま，賃貸住宅をきれいに使う賃借人（K 群）と汚く使う賃借人（D 群）がいて，賃貸人は市場に K 群と D 群が同じ人数はいるが，だれが K 群で，誰が D 群かは分からないとします。賃借人は自分が K 群なのか D 群なのかを分かっていて，賃貸人は分かっていないという情報の非対称性があると仮定しています。

　今，図 2.9 のように K 群の賃借人はきれいに使うため退居時の補修費は発生せず賃貸人は S_{K0} の供給曲線を持っているとします。D 群は補修費用が z 必要になるので，供給曲線は S_{D0} となります。ここで，賃貸人は補修費がかからない

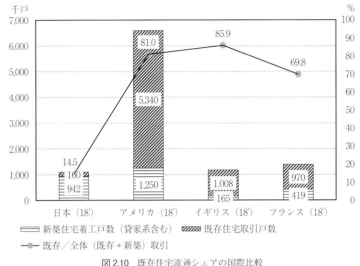

図 2.10　既存住宅流通シェアの国際比較
(出所) 国土交通省 (令和 2 年 5 月 7 日)「既存住宅市場の活性化について」

K 群と Z_0 かかる D 群が 1：1 の割合でいることを知っているので，賃貸人がリスク中立的なら供給曲線は補修費を $Z_0 ／ 2$ として，図 2.9 の S_{T0} とするはずです。[18] K 群と D 群の支払意思額は等しい（同じ需要曲線を持つ）とすると，均衡家賃は R_0，均衡住宅取引量は H_0 となります。この結果，きれいに使う K 群の人たちはどんなにきれいに使っても補修費を払わなければならないと知ったら，その分汚く使うことになり，次期の K 群への供給曲線は S_{K1} になり，市場の供給曲線は S_{T1} になります。その結果，均衡点は E_1，均衡家賃は R_1 になります。これでもまだ補修費を z_1 分超過負担しているので，合理的に補修費 z_1 が必要になるように賃貸住宅を使用するようになります。最終的に K 群も D 群と同じ補修費が必要な使用方法となってしまいます（同じ供給曲線になります）。

　このように，契約後ここでは入居後に，人の行動が変わることをモラルハザードといいますが，別にモラルがなくなったわけではないことが分かったと思います。K 群の人たちは自分たちが払った費用を合理的に使っただけです。

---

(18)　リターンのバラツキを示すリスクを考慮しないという意味ですが，詳しくはミクロ経済学の教科書を参照してください。

(2) 中古住宅市場における逆選択

　次に，情報の非対称性によって資源配分を歪める例として中古住宅市場を考えていきます。日本では中古住宅市場が非常に脆弱だといわれています（図2.10参照）。

　以下では，中古住宅が流通しない原因を情報の非対称性の観点からみていきます。この中古市場モラルハザードが取引後に市場参加者の行動が変化するのに対して，逆選択[19]（Adverse Selection）は，財サービスの取引前に消費者と生産者の間に情報の非対称があるために起こる非効率です。

　中古住宅市場も情報の非対称性がある市場です。中古住宅を売りたい人（供給者）は，その中古住宅の瑕疵を知っていますが，買いたい人（需要者）にとっては瑕疵を見つけるのは大変です。このような，住宅の質に関する情報の非対称性によって市場が効率的ではなくなってしまうのです。

　以下では，数値例を用いてこの問題を考えます。今，表2.6 のように市場には質の良い家と悪い家があり，その割合が1：2であることは売り手も買い手も知っているとします。また，売り手は買い手の需要価格（支払意思額）を知っており，買い手は売り手の供給価格（売っても良い価格）を知っているとします。非対称性があるのは，どの住宅が質の良い家で，どの住宅が質の悪い家かを買い手が知らないというだけです。

表2.6　中古市場の状況

	割合	売り手の供給価格	買い手の需要価格
質の良い家	1	6,000 万円	7,000 万円
質の悪い家	2	2,000 万円	3,000 万円

　では，情報の非対称性がある場合とない場合とで，市場均衡がどのように異なるのでしょうか。

　まず，情報の非対称性がなく，家の質が分かっているとします。質の良い家は，売り手は6,000 万円でも売って良いと思っており，買い手は7,000 万円を払ってでも買おうと思っています。質の悪い家は，売り手は2,000 万円でも売って良いと思っており，買い手は3,000 万円までは払って買おうと思っています。

---

(19) Moral hazard はカタカナ表記でモラルハザードと記し，Adverse Selection は訳語の逆選択と記している教科書が多いので，本書でもそれに倣っています。

質の良い家も質の悪い家も，質が正しく明示されていれば，売買は成立します。質の良い家が欲しい人は質の良い家を買うことができるし，質の悪い家を欲しい人は質の悪い家を買うことができます。

　では，情報の非対称性があり，質の良い家と質の悪い家が分からない場合はどうなるのでしょうか。まず，市場価格が2,000万円未満だと売り手が供給しませんので，中古市場は成立しません。次に，2,000万円以上6,000万円未満であれば質の悪い家しか供給されないことを買い手も分かっていますので，質の悪い家だけ市場で売買されます。問題は，市場価格が6,000万円以上のときです。売り手は質の悪い家も質の良い家も供給します。買い手は市場では1/3の家が7,000万円の価値があり，2/3の家が3,000万円の価値があると考えます。買い手がリスク中立的であれば，市場の中古住宅に（1＋7000＋2×3000）／3＝4,333万円の支払意思額を持つことになります。ところが，市場での提示価格は6,000万円以上ですから，市場は成立しません。その結果，この市場では質の悪い住宅しか取引されません。このように，市場で情報の非対称性によって悪い商品しか出回らなくなってしまうことを明らかにしたのはアカロフ（Akerlof, G）で，彼は中古車を例に悪質な中古車が流通し，良質な中古車が流通しなくなることを明らかにしました[20]。

　上記の仮定はやや極端ですが，このような情報の非対称性から中古住宅市場は効率性が阻害されている可能性があります。

(3) 住宅市場においてモラルハザード，逆選択に対する施策

　本節でお話しした，情報の非対称性によって起こる2つの事象で，モラルハザードは契約後の問題で，逆選択は契約前の問題です。

　この情報の非対称性に対しては様々な対策が検討されています。民間企業も市場で対策を採っており，①質が同じような消費者層を分けたり，②利用者をモニタリングしたり，③契約書を工夫するといった方法です。その際に用いられるのが，シグナリングやスクリーニングという方法です。これらはかなり説明を要しますので，神戸（2004）などをご覧ください。

---

(20)　Akerlof, G（1970）を読んでみてください。非常に簡単に説明されています。

　日本の住宅市場に関しては，行政や企業団体も様々な対策を採っています。

　従来から，日本では，建築物を設計し建設するときに，建築基準法や都市計画法などの様々な建築関連法の規制で，質を保証してきました。それでも，安全性の補償と外部不経済に対する対応が混在して，問題が指摘されていました。そこで，1998 年度に建築基準法は大改正されています。その他にも 2000 年住宅品質確保促進法（品確法）が施行され，住宅性能表示制度承認証も導入されています。また，2018 年には宅地建物取引業法を一部改正し，中古住宅の取引時にインスペクション[21]の説明をするよう不動産業者に義務付けることで，調査利用の活用を促しています。これは，中古住宅の質を保証する制度で情報の非対称性へのシグナリングになるはずです。しかし，税制などで新築住宅を優遇しているなど，他の要因もあり，なかなか中古住宅の流通が増えていないのが実情です。

⑦　まとめ

1. 住宅市場も通常の財・サービスと同じく，個別の需要曲線から市場の需要曲線，個別の供給曲線から市場の供給曲線と展開し，余剰分析できます。
2. 住宅市場では行政が様々な介入を行っていますが，住宅市場が完全競争市場であれば，土地利用規制，住宅取得促進制度，家賃規制，公営住宅供給は社会的総余剰を減少させる可能性があります。
3. ただし，住宅取引が負の外部性を持つなど市場が失敗している場合は社会的総余剰を増やすためには介入が必要になります。
4. 情報の非対称性も賃貸住宅市場や中古住宅市場で市場が失敗する要因で，様々な対策が採られています。

練習問題

① 図 2.8 のように住宅の供給曲線が垂直である場合に，住宅取得に関して政府が消費者に補助金を出したとしよう。これを図にして分析し，消費者余剰，生産者余剰，補助

---

(21) 建物状況調査といい，中古住宅の売買に際して建物の品質等の調査結果を買い主に需要事項として説明することが義務付けられました。

金, 社会的総余剰を示してみましょう。また効率性の観点からこのような場合の補助
金政策を評価してみましょう。

② 　④ (2) で家賃規制が R_0 より高い家賃で行われたらどうなるかを考えましょう。

③ 　人口が減少している地域と増加している地域で空き家の外部不経済がどのように違
うか考えてみましょう。

| 自主研究へのヒント |

① 　国土交通省国土数値情報の用途地域のシェープファイルには容積率のほか, 建蔽率
(敷地面積に対する建物面積の割合) の情報も含まれています。興味がある地域の建
蔽率を可視し, 特徴をまとめましょう。

② 　持ち家, 借家居住に対して様々な補助政策, 課税政策が採られていますが, その変遷
を調べて効果を分析してみましょう。

③ 　総務省都道府県・市区町村のすがた (社会・人口統計体系) から 1 都 3 県の市区町村
以外の人口増加率と空き家率を調べ, 散布図を描き, 特徴をまとめましょう。

第 3 章

都市の住宅立地

　本章では都市経済学の基礎となる都市の住宅立地の理論を学びます。ミクロ経済学で学ぶ無差別曲線と予算制約線を用いて，都市内での地代や土地利用がどのように決まり，その決定要因である通勤費(1)や所得などへの影響を考えていきます。

　都市経済学では，都市に居住する消費者や生産者がどのように住宅や産業立地を決め，それによって都市内の地価や都市構造がどうなるかを検討しています。①では，住宅立地や地価分析に用いられる単一中心都市モデル(2)を学びます。②〜④で，この単一中心都市モデルを用いて，都市構造を分析していきます。⑤以降で，都市構造分析の応用として，郊外化や外部不経済に対する施策について検討していきましょう。

① 単一中心都市

　単一中心都市とは，都市の中心地は1つで，その中心地のみに職場があり，都市に住む消費者は就業のために中心地に通います。消費者は通勤費を節約するために，中心地に近いほど地域の住宅需要が多いため，中心地に近いほど土地価格が高くなると考えられます。皆さんは常識じゃないかと思われるかもしれませんが，きちんとした経済モデルから導き出すと様々な応用が可能です。また，単一中心都市のような単純な仮定で都市を考えて何になると思われるか

---

(1) 消費者からみると交通費のほうが分かりやすいと思いますが，単一中心都市モデルでは中心地に通う通勤のみ考えますので本章では通勤費と記します。
(2) このモデルは，最初に開発した研究者名から，アロンゾ・ミュース・ミルズモデルとも呼ばれています。

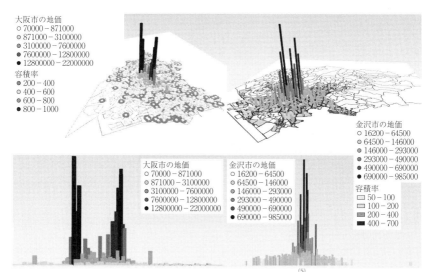

図 3.1　2022 年の大阪市，金沢市の地価分布[(5)]

注：国土数値情報　ダウンロードサービスより両市の 2022 年地価公示データ
（出所）国土数値情報　ダウンロードサービスと都道府県地価調査データをシェープファイル形式で
　　　ダウンロードし R を利用して筆者作成

もしれません。第 2 章でも住宅市場の分析で最初は簡単なモデルから徐々に仮
定を緩めて実際の市場分析に使えるように行ったのと同じで，徐々に仮定をゆ
るめて，現実に近づけていきます。

都市の地価，都市構造

　まず，実際の都市の地価，都市構造がどのようになっているかをみてみましょ
う。図 3.1 は，大都市の大阪市（人口約 276 万人）と地方都市である金沢市（人口
約 42 万人）の 2022 年の公示価格[(3)]および調査価格[(4)]をプロットしたものです。地価
が最も高いのは大阪市では大阪駅前の約 2200 万円，金沢市でも金沢駅前の 98
万円です。両市ともこれらの最高地点を頂点に郊外に向かうにつれて徐々に地

---

(3) 公示価格とは，国土交通省が毎年公表するその年 1 月 1 日時点の標準地（2022 年は全国 26,000
地点）における 1 平方メートルあたりの土地価格です。
(4) 調査価格とは，各都道府県知事が 7 月 1 日時点に公表する土地価格です。公示地価は原則的に市
街化区域ですが，調査価格には市街化調整区域も含まれています。
(5) 作図方法と。京都市，神戸市の図は本書の解説サイトに掲載しています。

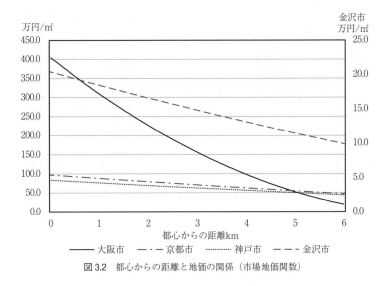

図 3.2　都心からの距離と地価の関係（市場地価関数）

価が低下していきます。

　第 3 章の実証トピックスで推定した市場地価関数から都心と地価の関係を描いたものが図 3.2 です。大阪市，金沢市，京都市，神戸市の各市の最も地価が高い地点を中心地（0km）として，地価と距離の関係をみてみました。この 4 市の地価関数だけでも非常に興味深いものになっています。大阪市の中心地の地価は非常に高くなっていますが，急勾配で，5km で京都市，神戸市より低くなっています。そして，京都市と神戸市は非常になだらかになっています。金沢市は，中心地の地価は低いものの，傾斜は京都市や神戸市より急になっています。これらは，後ほどの付け値地代曲線の仮定を変えることで説明ができます。図 3.1 と比較すると傾きがなだらかになっているように思えますが，これは，推定した市場地価関数は用途地域を無視しているからです。用途地域ダミーを入れて推定すると，急勾配も再現できます。[6]図 3.2 のような都心からの距離と地価の関係は，その他の都市圏でも成立しますでの実証トピックスで説明した方法でやってみてください。

　都心からの距離と地価の関係以外でも，都心からの距離と住宅面積では図 3.3

---

(6) 用途地域を入れた市場地価関数は解説サイトに載せています。

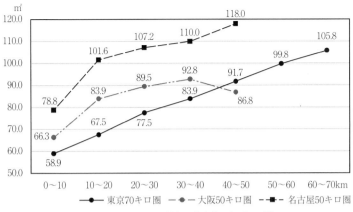

図 3.3　都心からの距離と 1 住宅あたり延べ面積

注：東京は旧東京都庁（千代田区），大阪市役所，名古屋市役所からの距離帯を採っている。この集計
　　は 3 大都市圏でしか行っていません。
（出所）国土交通省（2021）『平成 30 年住宅・土地統計調査』

のように，都心から距離が離れると住宅面積が広くなっていることが分かって
います。

　また，豊田（2012）で明らかにしているように，東京圏では都心から 20km
までは世帯所得が低下しますが，20〜30km で所得が増加し，その後再び低下す
る傾向がみられます。大阪圏，名古屋圏では 30km まで徐々に世帯所得が増加し
ています[(7)]。

　都心からの距離と，地価，床面積，世帯所得に関する 3 つの事象を理論的に
分析できるのが単一中心都市モデルを仮定した住宅立地モデルです。また，住
宅立地モデルは商業立地などの分析でも応用可能です。

② 住宅立地モデル

　消費者の住宅立地の選択は，ミクロ経済学で学ぶ消費者行動の理論を応用し
て考えることができます。以下では，(1)で住宅立地の選択の基礎となる消費者
行動理論を学び，(2)で住宅立地モデルを説明します。ミクロ経済をある程度理

---

(7)　豊田（2012）は住宅・土地統計調査で分析していますが，特別集計を依頼して分析しており，結
果の掲載や同じ分析はできない。

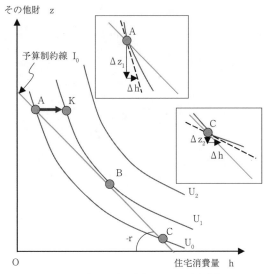

図3.4　消費者行動の基本モデルの最適消費

解している人は(2)から初めて構いませんし，住宅立地モデルを簡単に理解したい人は(3)の直感的理解から始めても構いません。[8]

(1) 消費者行動の基本理論

　消費者行動の理論は，消費者が価格の変化や所得の変化によってどのような消費行動をとるかを分析するものです。ここでは，住宅に焦点をあてていますので，消費者は住宅の消費量とその他の消費財の消費量を決定することになります。図3.4のように，横軸に住宅消費量（以下，敷地面積としてhで表します），縦軸にその他財消費量 z とします。

　消費者は所得 y で，住宅への支出とその他の財の消費に使うとします。㎡あたりの地代を r，その他財の価格を 1[9] とすると，(1)式のように所得 y を，住宅への支出 rh と，その他の消費財への支出 z（量z×単価1）に使うことになります。

---

(8) 最近のミクロ経済学の教科書では消費者行動の理論を飛ばす傾向があります。その場合は(3)から初めても，今後の理解には影響は少ないと思います。
(9) 経済学ではニュメレール（numeraire）といいます。詳しくはミクロ経済学の教科書で調べてください。

64

$$y = z + rh \tag{1}$$

　(1)式を，その他財の消費量 z について解くと，(2)式を得ることができます。これを予算制約線といいます。

$$z = y - rh \tag{2}$$

　ここで，(2)式から分かるように，予算制約線の傾きの絶対値は地代 r に等しくなります。また，Y 切片の y は予算と等しくなります。

　消費者はこの予算制約線〈I₀〉と縦軸 z と横軸 h にはさまれた領域の住宅とその他財の組み合わせを選択して消費することができます。そして，我々はその組み合わせの中で最も効用(10)が高くなる組み合わせを選択します。それでは，どの消費の組み合わせが最も高い効用を生み出すでしょうか。ここで，無差別曲線を導入します。無差別曲線とは，消費者の効用が等しくなる，消費の組み合わせを結んだ曲線のことです。消費者行動の理論では，消費者の選好に序列をつけられると考えています。図 3.4 に効用水準が U₀ である無差別曲線 U₀ を描いていますが，この無差別曲線の特徴をみていきます。

　ここで，ある財の消費による効用は消費量が多いほど高くなるとします。いま，無差別曲線 U₀ 上の任意の点 A から，住宅消費量を増加させ，その他財の消費額を変えないとします（点 K）。このとき，当初の消費の組み合わせ A と，住宅消費量が多い変化後の消費の組み合わせ点 K では，変化後の点 K のほうが消費者の効用は高くなるはずです。その他財を同じ量消費しているのに点 A より点 K のほうが広い住宅に住んでいるからです。すると，点 K は，異なる無差別曲線 U₁ 上にあることになります。U₁ は U₀ より高いため，右側（または上側）に位置する無差別曲線ほど高い効用を得ていることになります。このように，住宅消費量が増えたときには，それにともなう効用の上昇を相殺するように，その他財の消費量が減らなければ，効用を一定に保てないことになります。そのため，無差別曲線は右下がりになります。

　次に，無差別曲線の傾きを考えます。例えば，無差別曲線 U₀ 上の点 A に対し

(10)　第2章でも用いましたが満足のことです。

て接線（拡大図破線）を引き，その接線の傾きの大きさを測ります。この接線の傾きは，消費者が住宅消費を 1 単位増やしたときに，効用を維持するために，あきらめてもよいと思うその他財の消費量になり，その絶対値を限界代替率といいます（図では$\Delta z_1 / \Delta h$）。

　ここで，無差別曲線のもう 1 つの特徴である，内に凸（原点に向けて膨らむ）であることを説明します。消費者はある財を消費することで得られる追加的な効用は，財の消費とともに減少します（限界効用逓減の法則といいます）。すると，二財を考えると，片方の財をどんどん増やすよりバランスのとれた消費の組み合わせを選好します。これを，図 3.4 で説明します。無差別曲線 U_0 上の右下の C 点を考えます。C 点では同じ効用の A 点と比較すると住宅を多く消費しています。すると，住宅消費を増やす（図のΔh）ことによって増やされる効用は非常に小さくなります。対して，C 点では A 点と比較するとその他財の消費量が少ないのでその他財消費を増やしたときに増える効用は非常に大きくなります。そのため，住宅消費量を増やしたことによって得られる小さい効用を相殺するその他財消費量は A 点より少なくなります（図のΔz_2）。このように，住宅消費量が増加するにつれて，消費者はあきらめるその他の財の消費量を少なくなってきます（限界代替率を小さくなる）。これを限界代替率低減の法則といいます。その結果，無差別曲線が，原点に対して内側にふくらむ曲線になります。

　では，この予算制約線と無差別曲線を用いて，消費者がどのように効用を最大にする消費の組み合わせを選択するかを考えていきます。図 3.4 に，予算制約 I_0 上に A 点，B 点，C 点の消費の組み合わせが描かれています。この中で最も高い効用はどの点でしょうか。B 点を通る無差別曲線は，A 点と C 点を通る無差別曲線に比べて右側に位置するため効用が高くなっています。この 3 点の中では消費者の効用が最大になるのは B 点です。この B 点では，消費者の無差別曲線と予算制約線が接しているので，予算制約線の傾きである地代と無差別曲線の接線の傾きである限界代替率が等しくなっています。A 点では，その他財の消費量を減らし住宅消費量を増加させて予算制約線上を右下の組み合わせで消費したほうが効用は高くなります。C 点はその逆です。このような効用を高める消費の組み合わせの変化は無差別曲線が予算制約線と接するまで続きます。そして，この接した B 点より高い効用にするためには，無差別曲線を U_2 にする

必要がありますが，これは消費者の予算を超えています。[11]

(2) 住宅立地モデルと付け値地代曲線

　消費者行動の基本モデルでは，消費者は予算制約の下で住宅消費量とその他財の消費によって消費者の効用が最大になるような組み合わせを決めることが分かりました。(2)では，単一中心都市内のどこに居住し，その際の住宅消費量とその他財消費量をどのように決めるかを考えていきます。

　単一中心都市では，就業場所は中心地のみですから消費者は中心地で得られる賃金 y を得るために中心地に通う必要があります。[12]単位距離あたりの通勤費を t〈円／km〉とすると表すと，都心から x (km) 地点の住宅を選んだ消費者は中心地に通うために tx の通勤費を負担する必要があります。すると，消費者の予算制約式は(1)式から(3)式に変わります。

$$y - tx = z + rh \qquad (3)$$

　(3)式の左辺 $(y-tx)$ は通勤費抜きの純所得となります。[13]消費者は，この純所得で住宅に対する支出と，その他財への支出をまかなうことになります。

　ここで，消費者が選択した住宅地が x_0 地点だとすると，(3)式の x に x_0 を代入して，z について解くと，(4)式になります。

$$z = y - tx_0 - rh \qquad (4)$$

　(1)の基本モデルと異なるのは，図 3.5 のように，縦軸の切片が所得 y から純所得 $y - tx_0$ に変わったことです。予算制約線の傾きの絶対値は地代 r_0 に等しくなり，消費者は B 点で効用が最大になります。このときの住宅消費量は h_0 となります。なお，以下のモデルでは消費者は同質で都市内人口は一定で N 人と仮定します。当該地域に居住する消費者の選好（無差別曲線の形状），所得，単位距離あたり通勤費が等しいと考えるのです。現実的ではないと考えられるかもしれませんが，ここでは同質と仮定して考えます。[14]また，2のモデルでは人口を一

---

(11) ここで，無差別曲線が交わらないという特徴も重要になりますが，ここでは説明しません。
(12) 買い物など消費行動のためにも中心地に通うことになりますが，ここでは仕事だけとします。
(13) 第1章5に東京圏の賃金と通勤費の関係を示してあります。

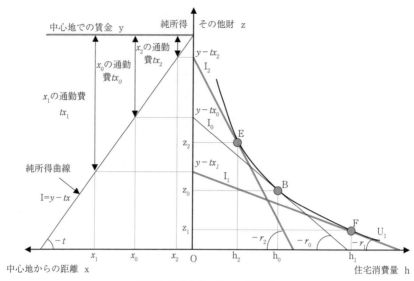

図3.5　住宅立地モデルの最適消費

定とし，4で人口移動を考慮します。

　消費者は都市内の立地点を自由に決めることができます。もし，都市内の他の地点 x′に住んだほうが高い効用を得ることができるなら，x_0ではなくその地点 x′に住むはずです。経済学で，市場均衡とは需要と供給が一致していることをいいますが，都市経済学での立地均衡は，都市に居住するどの消費者も立地した地点から別の地点に移動することによって効用を高めることができない状態をいいます。すると，消費者が同質であれば，都市内の全ての立地点で効用は等しくなります。もし，違う効用であれば消費者は移動するからです。

　図3.5 の無差別曲線の効用水準U_1がこの都市の立地均衡を満たすとします。消費者がx_0を選択したのであれば，B 点が効用最大化点になります。

　x_0を居住地とする場合をもう少し詳しくみていきます。このとき，純所得は$y-x_0$となり，U_1の効用水準を維持するためには，予算制約線はI_0となり，そのときの地代はr_0となります。もし，r_0より低い地代だと，x_0に居住する消費者の効用がU_1より高くなり，x_0に住みたいと消費者が増加し，x_0の地代は上昇し

___
（14）これは面白いので解説サイトで同質ではない場合を説明しています。

結局 r_0 となります。これが前述の立地均衡です。また，均衡では U_1 より高い効用は達成できないので，x_0 では r_0 より高い地代を払いません。このように，地代 r_0 は x_0 で U_1 の効用を得るために消費者が支払う最も高い地代です。これを付け値地代といいます。

　では，この住宅立地モデルを用いて，中心地からの距離 x と，地代 r や住宅消費量 h の関係をみていきましょう。ここで，図 3.5 の第 2 象限は中心地からの距離と純所得の関係を示したものです。中心地での所得を y として，中心地から離れると通勤費が大きくなり，x_0 では，通勤費 tx_0 を引いた $y - tx_0$ が純所得になります。このように中心地からの距離と純所得の関係を表したものが図の純所得曲線です。後ほど，この通勤費の変化で都市圏がどうなるかも検討します。

　では，消費者が x_0 地点より中心地から遠い x_1 地点を選択したときを考えましょう。このとき，予算制約線の縦軸の切片（純所得）は $y - tx_1$ に低下します。立地均衡の下では，消費者の効用は都市内のどこに立地しても U_1 になるので，予算制約線は，最適な消費の組み合わせは $y - tx_1$ を切片として，無差別曲線 U_1 に接する予算制約線 I_1 となります。そして，最適な消費は無差別曲線 U_1 と予算制約線 I_1 が接する点 F になります。このとき，地代が低下し住宅を正常財としていますので，住宅消費量は h_1 に増加します。その他財の消費量は，住宅と比較すると価格が高くなるので，その他財と住宅が，所得効果より代替効果の方が大きい代替財であれば，減少し z_1 となります[15]。

　次に，x_0 地点より中心地に近い x_2 地点の均衡を考えましょう。このとき，消費者は付け値地代が r_2 に上昇し，消費の組み合わせは E 点となります。E 点は B 点に比べて，地代が上昇するため，住宅消費量が減少し，相対価格が低下し，その他財の消費量は増加します。通勤費が低い都心近郊では，支払う地代を引き上げないと居住できません。そのため住宅消費量は少なくなりますが，効用を一定に保つために，その他財の消費で効用を高めていることが分かります。

　それでは，中心地からの距離と付け値地代，住宅消費量の関係をみていきましょう。図 3.6 の左図は縦軸に付け値地代 r，横軸に中心地からの距離 x をとり，消費者の効用を一定とする付け値地代曲線，右図は各々の地点での住宅面積曲

---

(15)　補完財であれば増加する可能性もあります。代替財，補完財についても解説サイトで説明します。

線を描いています。まず，付け値地代をみると，B'，E'，F'は図 3.5 の B，E，F
に対応した中心地からの距離（x_0, x_1, x_2）と対応する付け値地代（r_0, r_1, r_2）が
描かれています。図 3.5 で見たように，中心地から離れ，通勤費がかかるほど，
消費者は効用を維持するために付け値地代を低下させます。また，各地点で，
対応した住宅消費量を描いたものが B"，E"，F"です。こちらは中心地から遠い
方が，地代が安くなるので，土地とその他財の限界代替率が低下するので消費
量は増加し，図の住宅面積曲線のように右上がりになります。[16]

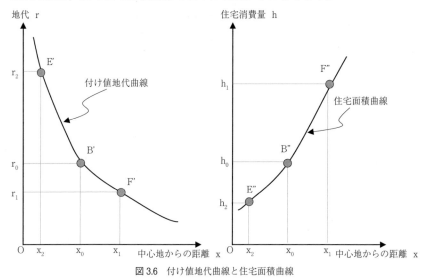

図 3.6　付け値地代曲線と住宅面積曲線

　さて，この付け値地代曲線と市場の地代曲線の関係を考えましょう。地主は，
収入を最大化するため，所有している土地に対して，最も高い地代を支払う消
費者に土地を貸し出します（売却しても構いませんが，これは第 2 章で述べたテニ
ア・チョイス問題になります）。都市内には N 人の消費者がいますが，同質を仮定
していますので全ての消費者の付け値曲線は図 3.6 のそれと同じ形状です。ま
た，N 人全ての消費者が移動しなくなるという前述の立地均衡の考え方から，

---

(16) この付け値地代曲線は内側にふくらむ（原点に対して凸）という特徴があります。この説明はや
や難しいので本編では割愛し，解説サイトに説明を掲載してありますので興味のある人はそちらをご
覧ください。なお，図 3.6 では原点に対して凸にしていますが，直線にしても問題はないので，[3]以降
では付け値地代曲線は直線に描きます。

都市内のどこかに付け値地代を支払って居住しますので，都市内の全地点の最高地代は**図 3.6** の付け値地代に等しくなります。そして，最高地代を提示した消費者に地主が貸し出すため，市場地代曲線は付け値地代曲線と等しくなります（ここでは，農地地代を考慮しない）。この付け値曲線の形状は，**図 3.2** で実際に観察される住宅地の地価関数と同じ形状をするはずです。本来は市場の地代曲線を推定したいのですが，データがないのでこの後の実証分析のように公示地価や売買実績などから市場地価曲線を推定しています。[(17)]

(3) 付け値地代曲線の直感的理解

　本節(1)(2)はミクロ経済学をある程度理解していないと理解することは難しいと思いますが，この後の分析は，付け値地代曲線が右下がりであることを理解していれば十分理解可能です。そこで，以下では直感的な理解のための簡単な説明をします。

　今，**図 3.7** の上図のように中心地から近い A 駅と，そこから 3 分かかる B 駅があるとします。次に，中図で A 駅と B 駅から同じ距離で同じ環境の住宅市場を考えます。まず，A 駅（正確には A 駅から徒歩で同じ距離で，同じ環境の住宅地を考える）の住宅市場を考えましょう。A 駅周辺住宅は一定なので供給曲線は垂直の Q_A となり，この供給曲線と A 駅周辺の住宅に対する需要曲線と交わった E_A が均衡点となり，住宅価格は P_A となります。次に，A 駅から 3 分の B 駅周辺の住宅市場を考えましょう。ここでは，時間費用という概念が必要になります。ここで，中図で検討する A 駅周辺住宅地と B 駅周辺住宅地は駅からの距離，環境は同じであるとします。消費者はこの 1 駅間 3 分でどの程度の不便さを感じるかが重要で，この不便さだけ B 駅周辺住宅への支払い意思額は低下し，中図のように需要曲線は低下します。簡単化のために住宅の供給曲線が Q_A と同じであれば，その支払意思額の低下額分だけ住宅価格は下がることになります。すると，下図のように，A 駅と B 駅の住宅価格の付け値地代は右下がりになります。ただし，快速停車駅のように中心駅までの時間距離が短くなる駅周辺の住宅価格は高くなります。

---

(17)　地代と地価の関係も解説サイトで説明します。

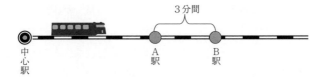

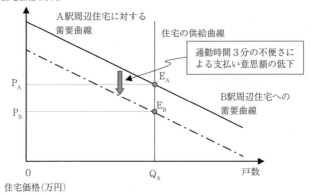

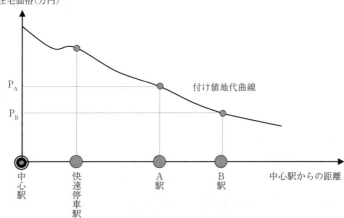

図3.7　付け値地代曲線の直感的理解

Empirical Analysis

❖実証トピックス2　市場地価曲線の実証分析

　②では，市場地代曲線は，右下がりで原点に対して内側にふくらむ付け値地代曲線を反映した形状になることを理論的に学びました。これを「自主研究のために」で簡単に解説した計量経済学で，実際のデータを用いて推定してみましょう。ここでは都道府県地価調査を用います。国土交通省は国土数値情報ダウンロードサービスというウェブサイト（https://nlftp.mlit.go.jp/ksj/）で，シェープファイル形式でこのデータを開示しています。シェープファイル形式はデータ属性に地理空間情報が付されているのが特徴です。これにより，地図上にデータを可視することが容易になります。以下では金沢市を例にとって市場地価曲線を推定します。そこで，このサイトから 都道府県地価調査（ポイント） → 石川県 → 「石川県」データのダウンロード → 金沢　世界測地系　令和4年　0.17 MB　L02-23_17_GML.zip の順番にクリックしてください。市場地価曲線を推定するにはこの地価データ以外に CBD（中心地）の位置の確定，各調査地点と CBD からの距離を計算する必要があります。ここでは，金沢市の CBD として金沢市の最も高い地価の調査点を選びました。各調査地点は地理空間情報として緯度・経度が分かりますので，最も高い地価の調査点と各調査地点の距離（m）を R の distGeo() 関数を用いて計算することが可能になります。これで，地価を距離に回帰する準備が整います。

　市場地価曲線が曲線になる特徴を捉えるように，推定式は例えば(5)式のような2次関数を考えます。

$$\text{地価} = \alpha + \beta\,\text{距離} + \gamma\,\text{距離二乗} + \varepsilon \qquad (5)$$

---

(18) シェープファイルは地物・属性情報を含む複数のファイルから構成されます。拡張子は.shp，.shx，.dbf などになります。読み込む際は.shp を使いますが，ファイルから他の拡張子（.shx，.dbf など）を持つファイルを削除すると，図形・属性情報を表現できなくなります。削除しないようにしましょう。

```
# データ・図の作成
library(tidyverse)
# シェープファイルの読込
library(sf)
# 距離の計算
library(geosphere)

# 石川県の地価の読込
Ishikawa_lp<-
  read_sf("L02-22_17_GML/L02-22_17.shp")

# 金沢都市圏の地価の選別
city <- c("17201","17209","17210","17212","17324","17361","17365","17386")
Ishikawa_lp %>%
  filter(L02_020%in%city) ->
  Kanazawa_shi_lp

# 緯度経度の列作成（xが経度，yが緯度）
Kanazawa_shi_lp %>%
  mutate(x=st_coordinates(geometry)[,1],
         y=st_coordinates(geometry)[,2]) %>%
  st_set_geometry(NULL) ->
  Kanazawa_shi_lp

# 距離の計算のためxとyのみのデータ作成
Kanazawa_shi_lp %>%
  select(x,y) ->
  Kanazawa_shi_lp_xy

# 金沢都市圏で最も地価が高い標準地との距離
Kanazawa_shi_lp %>%
  mutate(dis_m=distGeo(Kanazawa_shi_lp[which.max(Kanazawa_shi_lp$L02_006), c("x", "y")],
                       Kanazawa_shi_lp_xy[, c("x", "y")])) ->
  Kanazawa_shi_lp

# 単位の変換
Kanazawa_shi_lp %>%
  mutate(lp=L02_006/10000, dis_km=dis_m/1000) ->
  Kanazawa_shi_lp

# 回帰分析の結果を表にまとめるため
library(modelsummary)

# 回帰分析（modelと名付ける）
model<-
  lm(data=Kanazawa_shi_lp, lp~dis_km+I(dis_km^2))

# 分析結果表
modelsummary(model, stars=TRUE,
             coef_rename=c("(Intercept)"="切片",
                           "dis_km"="距離",
                           "I(dis_km^2)"="距離二乗"),
             gof_map=c("nobs", "r.squared"),
             title="市場地価関数の推定結果")
```

図3.8　Rによる市場地価曲線の推定コマンド

　係数 β の符号が負に推定されると，地価は CBD から距離が離れると，低下することを意味します。一方，係数 γ の符号が正に推定されると，地価の低下は，CBD から距離が離れると緩やかになることを意味します。それでは，図3.8 の R コードを R スクリプトに打ち込み実際に推定してください[19]。なお下記の推

表 3.1　R による市場地価曲線の推定結果

市場地価関数の推定結果

	Model 1
切片	20.401***
	(1.605)
距離	− 1.994***
	(0.281)
距離 2 乗	0.041***
	(0.008)
Num.Obs.	177
R2	0.281

+p<0.1,　*p<0.05,　**p<0.01,　***p<0.001

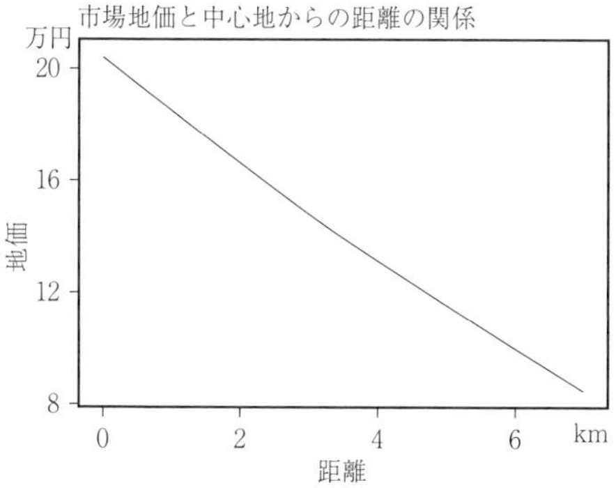

市場地価と中心地からの距離の関係

図 3.9　金沢市の地価と距離の関係

定では，地価を万円／㎡に，距離を km に単位変換しています。

　推定の結果は，下表のようになります。この結果から，予想通り距離の係数 β の符号は負に，距離 2 乗の係数 γ の符号は正に推定されました。図 3.9 は，推定された値を用いて，地価と距離の関係を示しています。図 3.9 の距離の範囲では市場地価曲線は右下がりで，内側に膨らむことが分かります。図 3.9 を得るには，図 3.10 の R コードを R スクリプトに打ち込んでください。

---

(19) R コードは随時修正されているため，下図の R コードで実行できるかは分かりません。R コードも解説サイトアップします。

```
# 推定された市場地価関数
pred <-
  function(x)
    coef(model)[1]+coef(model)[2]*x+coef(model)[3]*x^2

# 可視化
ggplot()+
  geom_function(fun=pred)+
  xlim(c(0,7))+
  labs(x="距離（km）", y="地価（万円）")+
  ggtitle("市場地価と中心地からの距離の関係")+
  theme_bw()
```

図3.10　Rによる市場地価曲線の図化コマンド

③ 都市の土地利用と都市構造の変化

本節では，②で導出した住宅立地モデルを用いて都市の土地利用や様々な要因が変化した場合の都市構造の変化を検討していきます。

(1) 都市内の土地利用の決定

実際の都市には住宅以外にもいろいろな用途がありますし，人々の所得も様々です。ここでは，まず住宅地以外の土地利用として農地を考えてみます[20]。ここで，農業は，土地を利用して農産物を生産し，中心地からの距離と関係なく，一定の地代を支払うとします。この農家の付け値地代が図 3.11 の水平な直線 r_0^A です。

地主はできるだけ高い地代を支払う主体に土地を貸し出します（売却しても構いませんが，これは第 2 章のテニア・チョイス問題になります）。そのため，中心地から $\bar{x}_0$ 地点までは住宅地として利用され，$\bar{x}_0$ 地点から先は農地として利用されます。都市の大きさは中心地から $\bar{x}_0$ 地点までの住宅地で測られ，$\bar{x}_0$ 地点を都市境界といいます。ここで，市場地代曲線 R_0（実線）は，その地点の最も高い付け値地代曲線をなぞることになるため，中心地から $\bar{x}_0$ 地点までは消費者の付け値曲線 r_0 に（破線），x_0 地点から先は農業地代 r_A^0 になります[21]。

図 3.11 は農地地代による都市圏の決定ですが，都市内では住宅以外にも多くの用途がありますし，住宅を消費する家計も所得や家族形態が様々です。

①で紹介したように，東京圏では都心から 20km までは世帯所得が低下しますが，20〜30km で所得が増加します。この結果からは，高所得者の付け値地代曲線は図 3.12 の一点破線のような形状をしていると考えられます。みなさんはどのような無差別曲線だとこのような付け値地代曲線になるか考えてください[22]。また，都市構造を検討するためには，商業の付け値地代も必要になります。中

---

[20]　一般的な都市経済学の教科書でも農地が使われています。

[21]　厳密には，付け値地代がそのまま市場地代曲線にはなりません。この説明は学部レベルを超えますので，「自主研究のために」のヘドニック分析で記載されている教科書等を参考にしてください。

[22]　興味のある人は解説サイトをみてください。

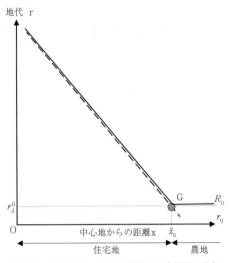

図3.11　農地地代，市場地代曲線と都市境界の決定

心地にしか就業地がない単一中心都市では企業の立地は考えられないと思われるかもしれません。企業の付け値地代の導出は練習問題に出していますが，中心地に製品を運び中心地でのみ販売するという仮定をもうけて導出します。従来の教科書では都市の中心地に金融業や百貨店など商業が多く出店しているとしていますが，最近は情報技術の進歩によって集積の経済が発揮される業種が変化し，中心地に立地する産業が変わっています。[23] 従来の中心地の集積では，商業の付け値地代曲線は**図3.12**の二重線のようになっていることが考えられます。そして，市場の地代曲線は，各地点で最も高い付け値地代曲線をなぞった線になり，それに応じて土地利用も決まってきます。中心地から$\bar{x}_c$までは商業地，$\bar{x}_c$から$\bar{x}_h$までは普通所得者の住宅地，$\bar{x}_h$から$\bar{x}_0$までは高所得者の住宅地，それより外は農地のように，上空からみるとリング状に土地利用が決まるようにみえるのでアーバンリングと呼ばれています。ただ，実際には第2章でお話しした用途地域による立地規制があり，どちらの効果が大きいかは実証分析する必要があります。

---

(23) これも面白いので考えてみてください。

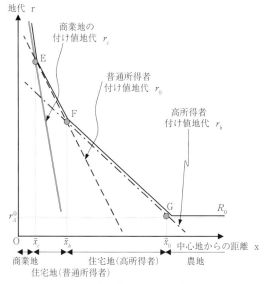

図 3.12　様々な付け値, 市場地代曲線と土地利用

(2) 都市構造の変化要因

　③(1)の後半で複数の用途の付け値地代曲線を扱いましたが, 前半の単一の用途でも, 都市の大きさが決まり, 都市全体の人口密度も決まってきます。そして, この都市構造や人口密度は市場地代曲線の形状やその位置に依存します。市場地代曲線の形状が違うと, 都市構造も異なります。図 3.2 のように, 各市で市場地代曲線が異なっていますから, 都市構造も違うはずです。(3)以降では, この市場地代曲線の変化が, どのように都市の構造を変えるかをみていきます。このように, 付け値地代や都市構造を決める要因が変化するときに付け値地代や都市構造がどのように変化するかを分析することを比較静学といいます。

　(1)の前半の単一中心都市モデルにおいて都市構造を変える要因は, 中心地で得られる賃金 (以下, 賃金と記す), 単位あたりの通勤費 (以下, 通勤費と記す), 農業地代です。以下では, この3つの要因が変化した場合に都市構造がどのように変わるかを簡単に検討していきます。

　また, ③では人口を一定と仮定していますのでやや違和感があると思いますが, ④で人口が移動するときの分析をしますので, その基礎としてまず人口一

定の仮定をおきます。

(3) 中心地で得られる賃金の上昇[24]

　賃金の変化は，図 3.5 の第 2 象限の賃金を上にシフトさせることによって検討できます，これを行ったものが図 3.13 です。賃金上昇前の立地均衡では，賃金が y，効用水準が U_1 です。簡単化のために，x_1，x_2 地点で均衡の変化をみていきます。賃金が y のときの x_1 の消費者の付け値地代は r_1，x_2 の消費者の付け値地代は r_2 になっています。ここで，賃金が y から y'に上昇すると，どの地点でも，予算制約線の切片が上がり，予算制約線はシフトします。ただし，平行にシフトしていませんので注意してください。この予算制約線のシフトによって，全ての消費者はより高い効用となる無差別曲線 U_1' に移ります。図 3.13 のように，中心地に近い x_2 に立地する消費者の付け値地代は r_2' に，遠い x_1 に立地する消費者の付け値地代は r_1' に変化します。中心地に近い x_2 地点の所得上昇後の付け値地代 r_2' は，上昇前の付け値地代 r_2 よりも低くなっています。一方，中心地から遠い x_1 の所得上昇後の付け値地代 r_1' は上昇前の付け値地代 r_1 よりも高くなっています。この付け値地代の上下は様々ありそうですが，実際にはこのように中心地に近い地点では地代が低下し，遠い地点では地代が上昇します[25]。実質所得が上昇すると，中心地から遠い x_1 の方が，通勤費が占める割合が多いので，実質所得が増える効果が大きくなるからです。

　上記のように，図 3.13 のように中心地近くの x_2 では純所得の上昇と付け値地代の低下によって，住宅消費量は増加します（このように純所得が上昇すると需要が増える財を正常財（上級財）といいます）。x_1 では，付け値地代が上昇するため，住宅消費量の増減は確定しません。図 3.13 の場合，地代が上昇することによる代替効果より所得が増加することによる所得効果のほうが大きいと仮定すると，住宅消費量が増加しています。

　一般的には，所得が上昇すると，消費者は広い土地を求めて郊外を選好するようになります（①の豊田（2012）参照）。この結果，図 3.14 の単位あたりの中心地での賃金が上昇すると，賃金上昇後の付け値地代曲線 R_1 は上昇前の付け値地

---

(24) 以下の説明は無差別曲線の形に依存していますが，ここでは簡潔に説明します。
(25) この説明は紙幅をとりますので，解説サイトに載せます。

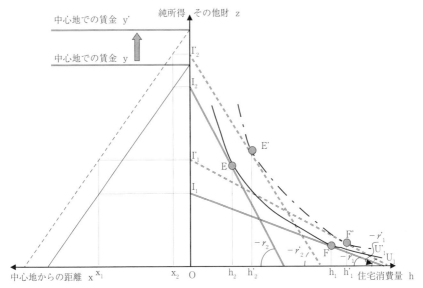

図 3.13　中心地で得られる賃金の上昇による消費者最適点の変化（閉鎖都市）

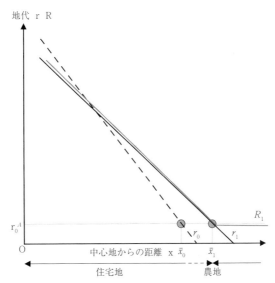

図 3.14　中心地で得られる賃金の上昇が都市の土地利用に与える影響（閉鎖都市）

代曲線 R_0 と交差するようにシフトします。付け値地代曲線と農業地代の交点で決定する都市境界は $\bar{x}_0$ 地点から $\bar{x}_1$ 地点へと右に移動し，郊外化が進みます。結果として市場地代曲線は太線 $\hat{R}_1$ に変化します。ここでは人口が一定としていますので，都市圏が拡大した結果，都市全体の人口密度は低下します。

（4）単位距離あたり通勤費の低下

　次に，通勤費の低下による都市構造の変化をみていきます。まず，通勤費の低下による消費者最適点の変化を図 3.15 でみると，賃金上昇との違いは，第 2 象限をみればよく分かります。賃金上昇（図 3.13）では第 2 象限の実質賃金曲線が左に平行にシフトし，どの立地点でも実質賃金の増加額は等しいのに対して，図 3.15 では実質賃金曲線の切片は変わらないため，中心地に近い場所では実質賃金はそれほど増加しませんが，中心地から遠くなるほど実質賃金は増加します。

　このように，通勤費の低下による最適点の変化は中心地の賃金上昇とほぼ同じ影響を与え，違うことは中心地の実質賃金が変わらないことだけです。

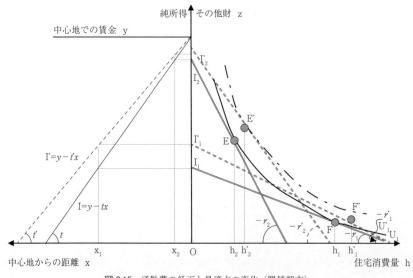

図 3.15　通勤費の低下と最適点の変化（閉鎖都市）

そして，都市の土地利用に与える影響も中心地の賃金上昇とほぼ同じように，

中心地に近い地域では地代が下落し，中心地に遠くなると地代が上昇します。
その結果，都市圏が広がり，人口は一定なので人口密度は低くなります。

(5) 農業地代の低下

　農業地代が低下する場合，単に図 3.11 で農業地代 r_A^0 を下げるだけではありません。都市面積が変わると住宅市場も変化するからです。以下では，もう少し詳しくみていきます（図 3.16）。農業地代が低下すると，まず農業地代曲線（直線）が r_A^0 から r_A^1 下方にシフトします。ここで，消費者の住宅地としての付け値地代曲線 r_0 が変化しなければ，新しい農業地代 r_A^1 と付け値地代曲線の交点で決定する都市境界は右側の x_C^2 に拡大します。しかし，消費者の住宅消費量がもとの水準と等しければ，住宅地の超過供給 x_C^2　x_C^0 が発生します。その結果，閉鎖都市では地代が徐々に低下し，付け値地代曲線が r_0 から r_1 にシフトします。消費者の住宅消費量は増加します。そのため，都市境界は x_C^1 になり，③では都市の人口は一定ですから，都市全体の人口密度は低下します。このとき，市場地価曲線は R_0 から下方の R_1 にシフトします。さて，このときの消費者の最適消費はどうなっているか，図 3.13 のように図で考えてください。

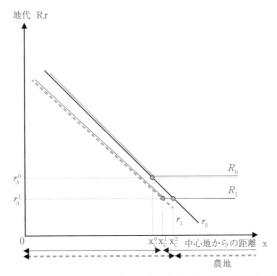

図 3.16　農業地代の低下が都市の土地利用に与える影響（閉鎖都市）

4 都市間の人口移動（小開放都市）

　3では，都市の人口を一定の N 人と仮定してきましたが，第 1 章でも明らか
にしたように実際には都市の人口が変化しています。また，地域間移動の原因
は第 4 章で検討しています。3では都市内人口を一定として，単位距離あたり
の通勤費や，中心地での賃金や，農業地代が変化すると，付け値地代曲線が変
化し，都市内の消費者の効用は変化しました。本節では人口移動が起こり，都
市内人口が変化すると仮定して検討していきます。

　都市経済学では，人口移動がない都市を閉鎖都市，人口移動が可能な都市を
開放都市といいます。そして，その都市の人口がその他の全都市の人口と比べ
て非常に小さくて，その都市の人口変化が他都市の効用等に影響しない都市を
小都市といい，開放都市で小都市の場合を小開放都市といいます。以下では，
小開放都市を前提とします。東京は小開放都市ではないのではという疑問もあ
ると思いますが，世界的にみると，同じような規模の都市はたくさんあり，移
動も自由（コストはかかりますが）ですので，小開放都市として扱っても構わない
と思います。なお，第 5 章では地域経済学の観点から人口移動の理論を考えて
います。

　ある都市の効用が一時的に上がると，どのような事が起きるか考えましょう。
他都市を含め全ての消費者が同質的であれば，他の都市に居住する消費者は，
高い効用を求めてその都市へ移動を考えるはずです。この人口移動はどこまで
続くでしょうか。他の都市の消費者は，この都市に居住したときの効用が高い
限り移動します。そして，人口移動によって地代が上昇し，その都市に居住す
る効用が低下し，この都市で居住する効用が他の都市の効用と等しくなれば，
この都市への人口流入は止まります。これが，小開放都市の立地均衡です。以
下では3で用いたモデルを拡張して解説していきます。

　第 6 章3で地域間の問題を検討しますが，人口が増加しすぎると集積の不経
済で不効用も生じてきます。ただし，本章では人口増加による外部不経済とし
ての不効用が発生しないと考えます。

(1) 小開放都市での中心地で得られる賃金の上昇の影響

　小開放都市の分析は閉鎖都市より理解しやすいかもしれません。小開放都市の立地選択を図3.17で考えていきましょう。賃金上昇前の効用水準がU_1とすると，小開放都市では賃金上昇後もU_1となります。ここで，x_2地点に立地する消費者の行動を考えます。賃金上昇前の付け値地代はr_2ですが，賃金が上昇すると，純所得曲線がTから$\hat{T}$へシフトし，予算制約線の縦軸の切片がI_2から$\hat{I}_2$に移動します。③ (3)の閉鎖都市では，賃金上昇にともない，予算制約線が上方にシフトし，より高い効用をもたらす無差別曲線U_1'に移動できましたが（図3.13），小開放都市では，前述のように人口移動が起きて，効用水準はU_1のままです。なぜなら，賃金上昇後も地代がr_2のままだと，純所得が増加して，x_2に居住する消費者の効用は上がってしまい，他都市から人が流入してくるからです。その結果，x_2の住宅需要は増加し，消費者が同じ地点に立地するにはより高い地代を支払う必要があります。この人口流入とそれにともなう地代の上昇は新しい予算制約線と接する$\hat{E}$まで進み，立地均衡の地代は$\hat{r}_2$になります。そして，図3.17のように所得が増加しても，今までの住宅消費量hより少ない住宅消費量$\hat{h}_2$しか消費できなくなります。

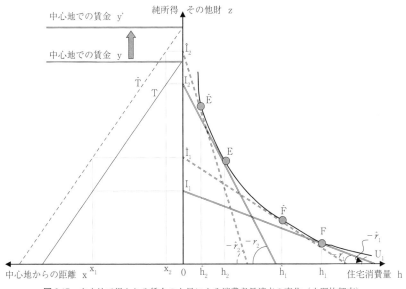

図3.17　中心地で得られる賃金の上昇による消費者最適点の変化（小開放都市）

　小開放都市では，賃金上昇によって，全ての地点で消費者の付け値地代が上昇するため，**図3.18**のように賃金上昇後の付け値地代曲線 $\hat{r}$ は，賃金上昇前の付け値地代曲線 r よりも上方にシフトします。閉鎖都市と違って（**図3.14**参照）付け値地代はクロスしません。なぜなら，都市全体の居住者の賃金が上がり，そのため都市の全地域で他都市から人口流入が起こっているからです。そして，付け値地代曲線と農業地代の交点で決定する都市境界は x_c 地点から地点 $\hat{x}_c$ へと拡大します。市場地代曲線は二重線のように変化します。このように，賃金が高くなると，人口が増加し，都市域は拡大し，消費者の住宅消費量が減少します。図では明示されませんが，都市の人口密度は上昇します。[26]

　中心地で得られる賃金の上昇は，実際にデータでもみることができます。第1章で都市別の賃金を説明しましたし，第4章や第6章でも取り扱っていますので参考にしてください。

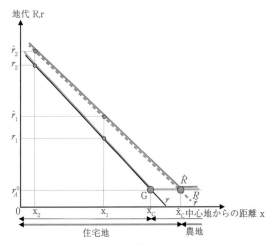

図3.18　中心地で得られる賃金の上昇による都市の土地利用に与える影響（小開放都市）

(2) 小開放都市で単位距離あたり通勤費の低下

　通勤費の低下も同じように考えることができます。**図3.19**の純賃金曲線が T から $\tilde{T}$ にシフトします。賃金上昇と異なるのは閉鎖都市と同じで，中心地に近

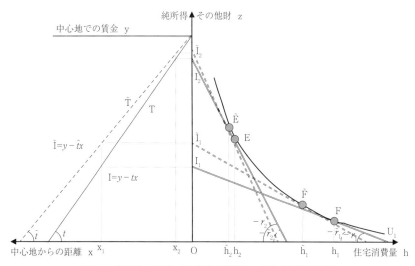

図 3.19　通勤費の低下による消費者最適点の変化（小開放都市）

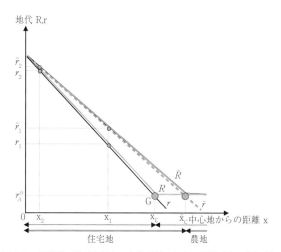

図 3.20　通勤費の低下が都市の土地利用に与える影響（小開放都市）

いと純賃金の低下が少ないが，遠くに行くにつれて大きくなる点です。その他は賃金の上昇と同じで，全ての地点が付け値地代は低下し，住宅消費量は減少します。

　ただし，市場の地代曲線は賃金上昇の場合と若干異なってきます。通勤費が

低下しても，中心地は純所得が変わらないため，予算制約線の縦軸の切片，付け値地代，住宅消費量は影響を受けません。したがって，**図3.20**のように，通勤費が低下した場合の付け値地代曲線 r_1 は低下前の付け値地代曲線 r_0 と中心地で等しく，その他の立地点では上方に位置することになります。その結果，人口が増加し，都市境界は右に移動しますが，中心地を除いて，消費者一人ひとりの住宅消費量が減少するため，都市全体の人口密度は上昇します。

　単一中心都市では交通インフラが全方向で同じであるとしていますが，実際には交通インフラには偏りがあり，第8章でみるように単位あたりの通勤費も路線によってかなり異なってきますので，都市構造に影響しているはずです。

(3) 小開放都市で農業地代の低下

　最後に，農業地代が低下する影響です。これは閉鎖都市の農業地代より簡単ですので，**図3.16**を用いて説明しましょう。農業地代の低下により農業地代曲線が r_A^0 から r_A^1 にシフトしますが，閉鎖都市の場合と違って，人口増加によって，超過供給は解消されます。なぜなら，純所得も，効用も変わらないので，消費者の住宅に対する付け値地代曲線 r_0 はそのままです。その結果，都市境界は，x_C^2 へと右に移動し，農業地代の低下にともない郊外化が進みます。新しい市場地代曲線 R_1 は x_C^2 地点までは付け値地代曲線 r_0 に一致し，x_C^2 地点からは農業地代 r_1^A になります。都市の人口密度は，x_C^0 地点までは農業地代前と同じですが x_C^0 から x_C^2 までの間は1人あたりの住宅消費量は増えますので，都市全体の人口密度は低下します。

　以上から，閉鎖都市と小開放都市の中心地の賃金，単位あたりの通勤費，農業地代による都市圏域，人口密度，地代の影響（比較静学）をまとめたものが，**表3.1**です。閉鎖都市と小開放都市のどちらが現実を表しているのでしょうか。短期的には転居コストが大きいため，閉鎖都市に近いものになりますが，長期的には小開放都市の分析のようになると思われます。

⑤ 中核都市人口集中と郊外化

さて，第1章④に日本では各地域の中核都市に人口が集中していることが示

表3.1　閉鎖都市，小開放都市の比較静学結果

	効　用		人　口		住宅付け値地代	
	閉鎖都市	小開放都市	閉鎖都市	小開放都市	閉鎖都市	小開放都市
中心地賃金上昇	上昇	変化なし	変化なし	増加	中心上昇 郊外下落	上昇
通勤費低下	上昇	変化なし	変化なし	増加	中心上昇 郊外下落	上昇
農業地代低下	上昇	変化なし	変化なし	増加	全域下落	上昇

	都市圏域		人口密度	
	閉鎖都市	小開放都市	閉鎖都市	小開放都市
中心地賃金上昇	拡大	拡大	低下	上昇
通勤費低下	拡大	拡大	低下	上昇
農業地代低下	拡大	拡大	低下	下落

されました。ところが，多くの地方都市は，郊外化とDID地区[27]の人口密度の低下が問題視されています。第1章で中核都市として扱った金沢市，大分市とも2015年から2020年にかけて0.5％ほど減少しています。ところが，都市圏，DID[28]地区は徐々に広がっています。

日本では，1990年代から中心市街地が衰退していることが問題になり，2006年に従来のまちづくり3法のうち都市計画法と中心市街地活性化法が改正されました。2014年にはコンパクトシティの形成を推進するために都市再生特別措置法が改正され，立地適正化計画制度が創設されました。この制度のもとで，自治体が立地適正化計画を策定し，居住誘導区域と都市機能誘導区域を設定し，効率的な街作りを行うもので，全国で644都市が立地適正化計画に関する取り組みを行ない，356都市が適正化計画を報告しています[29]（2022年末現在）。この郊外化は欧米でも顕在化しており，コンパクトシティ政策は世界的に進められているようです[30]（OECD，2012）。

---

(27) 第1章のDID説明参照。

(28) ここでは，国土交通省の定義を用います。「人口10万人以上で昼夜間人口比率が1以上の都市を核都市として，核都市への通勤通学者が，全通勤通学者の5％以上または500人以上である市町村を含む圏域を都市圏として設定する。核都市が20km以内に併存する場合には，連結して1つの都市圏とする」。

(29) 国交省サイト　https://www.mlit.go.jp/toshi/city_plan/toshi_city_plan_fr_000051.html　参照

　これは4の理論でどのように説明できるか考えていきましょう。図 3.21 は
1960 年から 10 年ごとにみた金沢市の DID 地区の変遷です。DID 地区がどんど
ん広がり，DID の人口密度はどんどん減少しています。しかも，金沢市に通勤
する金沢都市圏は徐々に拡大しています。これは，金沢市だけではなく，地方
の中核市の特徴になっています。4での理論で考えると金沢市の中心地での賃
金が上昇し，他地区（県内他都市や富山県など近隣県）から人口が流入し，自動車
の普及や道路網の整備で通勤費が低下したため，都市圏は拡大し農地地代の低
下で都市内の人口密度が減ったという現象になっています。[31]就業地（都心）の集
積の経済が中心地の賃金を上げ，このような事象が起きたと考えられます。し
かし，第 7 章，第 8 章で扱う交通を含めた都市インフラからみると集積の経済
を活かしていないため非効率になっている可能性があります。

　コンパクトシティの観点からみても，北陸地域全体でみると就業地は集積し
コンパクトになったが，その就業地に通う通勤圏が拡大し，コンパク化されて
いないことになります。

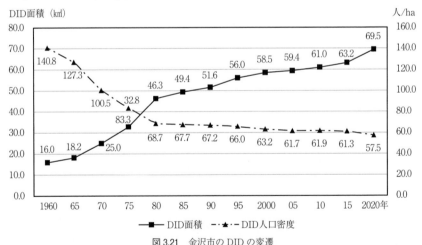

図 3.21　金沢市の DID の変遷

（出所）金沢市公式サイト　https://www4.city.kanazawa.lg.jp/soshikikanasagasu/toshikeikakuka/
gyomuannai/1/1/2/kanazawatoshikeikakunogaiyo/6244.html

（30）ただし，歴史的に各国で様々な要因があるようです。例えば，アメリカでは都心のスラム化に起
因したインナーシティ問題などがあります。
（31）農地地代低下以外にも用途制限などの変化が要因として考えられます。

⑥ 付け値地代を用いた外部不経済と用途地域の都市構造への影響

　この，付け値地代曲線の分析は，外部不経済をピグー税や用途地域などによって対応する際の効率性に関する検討でも用いることができます。まず，付け値地代と余剰について説明します。付け値地代曲線は需要曲線と供給曲線が出てきませんので余剰が分からないように思われます。まず，消費者は小開放都市では効用が変わりませんから，用途地域が変わっても余剰は変わりません。商業など産業も利潤が0なので余剰は変わりません。変化するのは市場地代ですが，これが土地所有者の余剰の変化となります。そのように考えると，付け値地代の総額の変化を分析すれば良いことになります。

　まず，何の施策を採らない場合の余剰を図 3.22 で考えます。施策を採らないと産業の付け値地代曲線を r_0^C とします。産業は生産活動によって大気汚染や騒音などの外部不経済を家計に与えています。図 3.22 の政策なしの住宅の付け値地代曲線 r_0^H がこれにあたります。中心地から x_2 までは外部不経済のため，後述のピグー税で最適化された住宅の付け値地代曲線 r_p^H より付け値が下がり r_0^H となります。このときは，中心地から x_3 までが産業でそれより外延で $\bar{x}_1$ までが住宅地になります。ここで，総地代は $B_0LJK\bar{x}_1O$ となります。

　次に，最適な場合と比較するため産業に外部不経済分だけピグー税[33]を課税した場合を考えます[34]。ピグー税を各事業者に一律課税すると，産業の土地に対する付け値が低下し，図 3.22 のピグー税を課税した場合の産業の付け値地代曲線 r_p^C になります。その結果，産業地域が縮小され，外部不経済が少なくなり，住宅の付け値地代は x_1 より中心地に近い地域では上にシフトしますが，外部不経済は中心地に近いほうが大きいので，シフト幅は中心地に近い方が大きく r_p^H になります。そして，ピグー課税した産業の付け値地代とピグー課税した住宅の付け値地代 r_p^H が交わった x_4 より中心地に近い方が産業，遠い方が住宅と産

---

(32) この点は，解説サイトの産業の付け値地代の説明に載せます。
(33) ピグー税については第2章を参照してください。
(34) ここでは，生産関数や外部不経済などの多くの仮定が必要となりますが，ここでは最も簡単な形で紹介しておきます。より知りたい方は解説サイトをご覧ください。

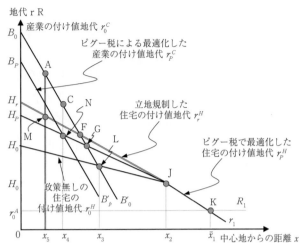

図3.22　外部不経済がある場合の付け値地代と土地利用構造

業区域が狭くなります。このときの総地代は $B_P NJK\bar{x}_1 O$ ですが，x_4 まではピグー税か課税（$B_0 CNB_P$ 分）され，これは都市内居住者のために利用するので余剰分になります。これは総地代にとしていれ，$B_0 CNJ\bar{x}_1$ となります。なんら施策を採らない場合と比較すると x_4 から x_3 までは産業から住宅に用途が変わったため CGN だけ地代が低下し，x_4 から x_2 までは外部不経済が減少したため，GJL だけ地代が上昇しています。全体としては GJL－CGN 総地代が上昇します。ピグー税によって資源配分が最適になっているとするとこれが正になっているはずです。

　最後に，用途地域で規制した場合を考えましょう。ここでは，産業は中心地から x_5 内にしか開業していけない立地規制を考えます。産業の付け値地代は政策と採らない場合と同じ r_0^C です。図からピグー税課税時より産業は減っていますので，外部不経済は少なくなるはずです。すると住宅の付け値地代曲線はピグー税で最適化した場合より高くなり r_r^H となります。すると，総地代は B_0 AMJK$\bar{x}_1$ となります。上記と同じように施策を採らないときと比べると FJL－AMF となります。これは上記と違って符号は分かりません。図を見ても分かるように，最も厳しい用途地域はこの都市に産業を認めないことですが，その場合はマイナス部分が大きくなり，x_3 に近づくにつれて，マイナス部分が減りま

すが，プラス部分が減少します。資源配分を最適にするには産業と住宅の付け値地代曲線を精査し，外部不経済も勘案しなければいけないのでかなり難しいでしょう。また，第2章でも説明しましたが，ピグー税課税の場合はピグー税を節約しようと企業が外部不経済を小さくするよう努力しますが，用途地域ではそのインセンティブがありません。

⑦　まとめ

1.　都市内の住宅立地は消費者行動の理論を応用して検討することができます。消費者行動の理論は無差別曲線と予算制約線を用います。
2.　消費者行動の理論から付け値地代曲線を導出することができ，これによって様々な事象や政策の効果が分かります。
3.　本章では，まず人口を一定（閉鎖都市）として，通勤費の低下，所得の上昇，農業地代の低下が住宅立地と土地利用にどのように影響を与えるかを検討しました。
4.　地方都市での郊外化も通勤費の低下という要因で分析が可能です。
5.　閉鎖都市では上記3で住民の効用も変化しますが，小開放都市では住民の効用は変化せず，住宅立地や土地利用にも異なった影響となります。
6.　地代曲線は様々な分析に応用ができ，第1章で取り扱った地方中核都市の集積の拡大と郊外化も説明できます。また，外部不経済の最適化も検討できます。

|練習問題|
①　日本の企業は通勤費を通勤手当として所得以外で負担しています。これは，通勤手当が所得税の課税対象とならない場合があるため，所得ではなく通勤手当という形で金銭を受け取ったほうが家計にとって都合が良い場合があるからです。そこで，通勤手当が人々の住宅立地にどのように影響しているかを考えてください。
②　本文では消費者は同質と仮定していましたが，高所得者と低所得者がいたとした場合の各々の付け値地代曲線はどのような形状になり，それによって土地利用はどのようになるかを考えてください。

③　本文では単一中心都市における消費者の付け値地代曲線を考えました。いま，都市から $x_0$km 離れたとところに副都心が出現したとしよう。このときの消費者の付け値地代曲線はどのような形状に変わり，それによって土地利用はどのようになるかを考えてください。

自主研究へのヒント

①　図3.5 は金沢市の例ですが，皆さんが関心のある都道府県の県庁所在地（あるいはある程度大きな市）で同じように地価と中心地からの距離の関係を示してください。本文で使った，地価は国土数値情報ダウンロードサービスからアクセスできます。また，国土交通省地価公示・都道府県地価調査のウェブサイトからもダウンロード可能です。

②　皆さんが関心のある都道府県の県庁所在地（あるいはある程度大きな市）の DID 地区の変遷を（ⅰ）面積，（ⅱ）人口，（ⅲ）人口密度に注目して調べてください。問題③で考えた，郊外の敷地面積が増えるか減るかを実際のデータから確認してください。これらのデータについても国土数値情報ダウンロードサービスからアクセスできます。また e-stat の国勢調査のウェブサイトからも調べることができます。

③　ある都市で交通インフラ（鉄道や高速道路）が整備されている方向と整備されていない方向で都市圏の大きさがどのように違うかを調べてください。

④　農業地代の統計はありませんので，都道府県別の農業生産額と農地面積を代理変数として農業地代と都市圏域の関係を調べてみてください。

第Ⅱ部

生活圏編

第4章

日本の地域間格差問題

第1章では，都道府県や市区町村間での格差を，人口，住宅，教育，犯罪，災害といった様々な視点から概観しました。「格差」という言葉には，できれば同じである方が望ましいのに，実際はそうではなく優劣が存在してしまい，良くないといったニュアンスが含まれます。例えば日本における教育は，憲法でひとしく教育を受ける権利が保障されていますし，すべての地域において義務教育が無償で提供されています。しかし，それ以上の教育においては，地域によって大きく差があるのが現実でしょう。塾が非常に多くある地域，模擬テストなどが頻繁に多くの会場で実施される地域，あるいは選択できる学校が非常に多くある地域など，その地域の立地環境や人口規模などによって大きな差があります。このように教育に限らず，地域間格差というのは様々な点で見つけることができます。そこで本章では，人口や産業構造に関しての地域間格差を，ローレンツ曲線や特化係数といった指標をもとにみていきます。

1 ローレンツ曲線とジニ係数

格差をみる代表的なものにローレンツ曲線とジニ係数があります。簡単な例を用いてこの2つがどのようなものなのかをみてみましょう。

今労働者人口が10人の2つの国，A国とB国があるとしましょう。A国の労働者は10人とも同じ年収400万円を稼いでいます。一方，B国は，8人が無収入で残りの2人が2,000万円ずつ稼いでいます。労働者の収入の合計額がその国の富であるとすると，どちらの国も富の総額は4,000万円で同じです。しかし，個人の収入としてみるとA国は全員が同じで差はなく，B国は非常に大きな格差があります。この両極端な2つの国のローレンツ曲線を描いてみることにし

ましょう。

表 4.1　A 国と B 国の度数分布表

人口	所得		累積人口	累積所得		累積相対人口	累積相対所得	
---	A 国	B 国		A 国	B 国		A 国	B 国
1	0	400	1	0	400	0.1	0.1	0.0
1	0	400	2	0	800	0.2	0.2	0.0
1	0	400	3	0	1,200	0.3	0.3	0.0
1	0	400	4	0	1,600	0.4	0.4	0.0
1	0	400	5	0	2,000	0.5	0.5	0.0
1	0	400	6	0	2,400	0.6	0.6	0.0
1	0	400	7	0	2,800	0.7	0.7	0.0
1	0	400	8	0	3,200	0.8	0.8	0.0
1	2,000	400	9	2,000	3,600	0.9	0.9	0.5
1	2,000	400	10	4,000	4,000	1.0	1.0	1.0

　表 4.1 では，この A 国と B 国のローレンツ曲線を描くための度数分布表を示
しています。ローレンツ曲線を描く場合には，まず全ての人を，所得の低い順
番に並べます。今回の A 国と B 国の場合には，第 2 列，第 3 列のように所得の
低いものから順番に上から並べます。そして，第 4 列から第 6 列のように人口
と所得の累積値を求めます。そして，それぞれの累積値を，人口の合計（10 人）
や所得の合計額（4,000 万円）で除した，累積相対値を求めます。これが第 7 列か
ら第 9 列に示されています。そして第 7 列の累積相対人口を横軸に，第 8 列，
第 9 列の累積相対所得を縦軸にとり折れ線グラフを描いたものがローレンツ曲
線で，図 4.1 に示しています。この曲線は，所得の低いものから順に一定割合の
労働者を集めたときに（横軸の値），その人たちの年収の合計額は，国全体の富の
何割集まるのか（縦軸の値）を表しているのです。A 国は，すべての人が同じ収
入を稼いでいますので，集めた労働者の割合と集まる富の割合が常に一致しま
す。したがってこのような完全平等な国のローレンツ曲線は 45 度線になります。
一方で B 国は，収入の低い人から順に 5 割の人を集めても，それらの人の年収
は 0 円ですから，富は全体の 0 割しか集まりません。その状態が 8 割の人まで
続き，9 人目，すなわち 9 割の人を集めて富の半分が，そして 10 人目でやっと
全体の富が集まるのです。このような B 国のローレンツ曲線は図 4.1 で示され
ているように，A 国よりかなり右下に描かれます。

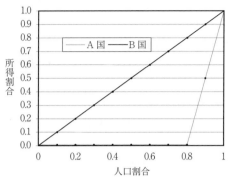

図4.1　A国とB国のローレンツ曲線

　実際の国は，A国ほど平等でもありませんし，B国ほど不平等でもありませ
ん。その場合，ローレンツ曲線はこの2本のローレンツ曲線の間に位置すると
考えられます。A国の例のように，富が完全に平等なケースから右下へと離れ
ていけばいくほど不平等の度合いが大きくなっていきます。このように45度線
からの乖離の度合いによって不平等の度合いが分かるのです。

　この乖離の大きさを指標化したものがジニ係数と呼ばれる指標です。図4.2
で示されているように，完全平等な45度線とそこから乖離するローレンツ曲線
との間で挟まれる弓型の形の面積と網掛けの三角形の面積の大きさを比較すれ
ば不平等の度合いが指数化できます。三角形の面積は，底辺と高さが常に1で
すから2分の1です。より不平等なローレンツ曲線はより右下に位置するため，
弓型の面積は大きくなります。より平等なローレンツ曲線は45度線に近づくた
め，弓型の面積は小さくなります。この弓型の面積を網掛けの三角形の面積で
割った値をジニ係数と呼びます。分子にあたる弓型の面積の大きさから，平等
であればあるほどジニ係数は小さくなり，不平等になればなるほどジニ係数は
大きくなります。格差を表す指標として，ジニ係数もよく用いられます。最も
裕福な3人の資産の合計額が，下位50％の国民の合計資産額を超えると言われ
ているアメリカのジニ係数は約0.4で，ジニ係数値で比べると先進国の中では
最も不平等な国です。日本のジニ係数は0.33です。

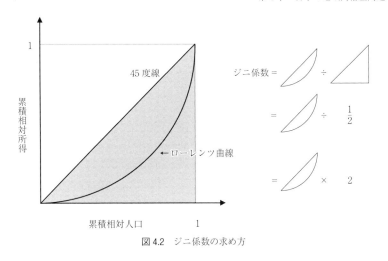

図4.2　ジニ係数の求め方

② 人口の格差

　図1.3では，都市の人口成長率の差をみました。そこでは1995年から2016年までの人口推移は，各地域で中核都市への集積が高まってきたことが分かりました。すなわち，各地方や地域といったブロック内で都市の空間的な分布の格差が広がってきていると考えられます。そこで①で学んだローレンツ曲線を，人口について描くことで空間的な人口の分布の格差をみてみましょう。変化を明らかにするために1980年と2015年を比較します。図4.3をみてください。これは1980年と2015年の市町村ごとの人口をローレンツ曲線で表したものです。縦軸に各市町村の全人口に対する累積相対人口の値を，横軸に各市町村の面積の日本全土の面積に対する累積相対値をとっています。市町村は，人口密度の低い順に並べています。では人口ローレンツ曲線はどのようにみればいいのでしょうか。

　日本に人々が均等に居住しているとしましょう。所得格差でいうところの完全平等の世界です。その場合のローレンツ曲線は45度線になります。これは，国土の面積の約2割を集めたなら（横軸の0.2の値），そこに住んでいる人の数は日本の人口の2割になっている状態です（縦軸の0.2）。さらに国土の半分の面積（横軸の0.5）を集めたとしても，人口は国土に均等に分布しているわけですから，

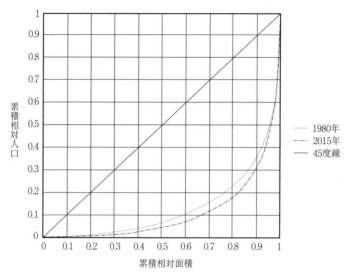

図4.3　日本の人口ローレンツ曲線

（出所）国勢調査をもとに筆者作成

半分の国土に住んでいる人の数もちょうど半分になります（縦軸の 0.5）。

　しかし，実際には人口が国土に均等に分布している国はありませんから 45 度線から右下方向へと離れていきます。1980 年と 2015 年の人口ローレンツ曲線を比べてみましょう。2015 年の方が右下に位置しています。国土の 4 割の面積に値する人口密度の少ない市町村を集めたとき，すなわち横軸の 0.4 のとき，そこに居住している人口割合は 2015 年の方が少なかったということです。正確には縦軸の値は 1980 年で 0.041（4.1%），2015 年で 0.025（2.5%）です。4 割の国土に 1980 年には 4.1% の人が，2015 年にはさらに減って 2.5% の人しか住んでいません。この 4.1% と 2.5% の差である 1.6% の人は，2015 年には残りの 6 割の市町村へと移っていったことになります。市町村は人口密度の少ない順に並んでいましたから，より人口密度の高い市町村へ移動していったことになります。ローレンツ曲線でより右下へ移動しているということは，横軸の右の方に位置している人口密度の高い市町村へと人々が居住するようになったということなのです。これは第 1 章でも述べている通り，東京をはじめ，各地域でのより人口密度の高い中核都市へと人々が集積していったことと整合的です。

③ 地域の産業構造の違いと生産性の格差

　次に日本の産業に関しての格差をみてみましょう。日本のすべての経済活動
は，日本標準産業分類によって産業別に分類されています。この産業分類は，
大分類，中分類，小分類からなっており，現在大分類は 20 の項目に分かれてい
ます。

　地域によってどのような産業が盛んなのかは大きく異なります。産業の中に
は地勢や気候の影響を強く受けるものもあります。特に第 1 次産業は，古くか
らのその土地ならではの特徴を生かして発達してきました。また市場が世界に
開かれ始めると，その物流の結節点となる地域が，大きく産業を発展させたり
もしています。このような地域による違いは，地域の産業の特徴として捉えら
れ，その地域は特定の産業に特化しているなどと言われます。そこでまずこの
地域ごとの産業の特徴を捉える特化係数という指標をみてみましょう。

　特化係数とは，ある地域のある産業が，全国に比べて盛んにおこなわれてい
るのかどうかを 1 より大きいか小さいかでみる指標です。他の地域と比較して
盛んに行われている産業かどうかは何でみることができるでしょうか。例えば
その産業に従事している従業者の数でみたり，あるいはその産業から生みださ
れる付加価値額でみたりします。例として従業者数で考えた特化係数をみてみ
ましょう。具体的な特化係数の値は次の式によって求められます。

特化係数（従業者数）

$$= \frac{\text{ある地域の A 産業の従業者数／ある地域の全産業の従業者数}}{\text{全国の A 産業の従業者数／全国の全産業の従業者数}}$$

　大きな分数の分母は，全国の A 産業の従業者割合です。例えば，産業大分類
の 1 つ，「農業・林業」に関して言えば，分母は，全国の全従業者の内，「農業・
林業」に携わっている従業者の割合です。分子は，「農業・林業」の従業者割合
をある地域で計算します。そしてそれらの比をとることで，ある地域の「農業・
林業」の従業者割合が全国と比べて大きいのか小さいのかが，1 を基準にして分
かるのです。特化係数が 1 より大きければ，全国平均に比べてその地域の「農

業・林業」で働いている人の割合が多く,「農業・林業」に特化している地域で
あると言えます。1より小さければその地域では「農業・林業」がそれほど盛ん
には行われていない,と言えます。

　しかし,産業が盛んかどうかを働いている人の数だけで判断していいもので
しょうか。たとえ従業員数が少なくとも,付加価値のとても高いものを作り出
しているのであれば,付加価値額という金額で特化係数をみるのも必要なので
はないでしょうか。さらに,金額でみる場合も,非常に多くの労働者や労働時
間を投入して得られた付加価値よりも,より少ない労働者数や労働時間の投入
で同じだけの付加価値を得ているのであれば,効率的な生産が行えていると考
えられます。この場合は付加価値額をその産業の従業者数(や労働時間)で割っ
た生産性といったものでみることも必要です。

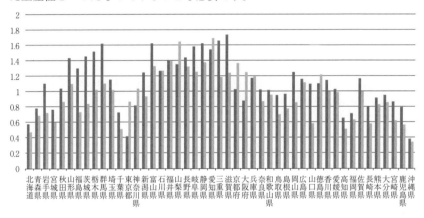

■ 特化係数(従業者数:事業所)　　■ 特化係数(付加価値額)

図4.4　製造業の都道府県別特化係数

(出所)地域経済分析システム(RESUS)の産業構造マップよりデータを取得し作成。https://resas.
go.jp/#/24/24201

　図4.4には,都道府県別の製造業の従業者数ベースと付加価値額ベースの特
化係数を示しています。1を超えている県は全国平均に比べて製造業に従事し
ている人が多くいる地域になります。東北,北関東,北陸,東海といった地域
の都道府県が大きく1を超えており,これらの地域に製造業に従事している人
たちが多く集まっていると言えます。しかし東北地方や北関東の県では,付加
価値額ベースでは1を超えていないところがみられます。付加価値額の特化係

表 4.2　製造業の中分類別労働生産性

産業大分類名	業種中分類名	労働生産性（万円／人）
製造業	食料品製造業	476.7
	飲料・たばこ・飼料製造業	903.7
	繊維工業	397.5
	木材・木製品製造業（家具を除く）	475.6
	家具・装備品製造業	470.5
	パルプ・紙・紙加工品製造業	608.4
	印刷・同関連業	501.4
	化学工業＋	1337.7
	石油製品・石炭製品製造業＋	120.2
	プラスチック製品製造業（別掲を除く）	616.6
	ゴム製品製造業	817.4
	なめし革・同製品・毛皮製造業	355.5
	窯業・土石製品製造業	677.0
	鉄鋼業＋	794.3
	非鉄金属製造業＋	930.4
	金属製品製造業＋	574.8
	はん用機械器具製造業＋	763.0
	生産用機械器具製造業＋	788.4
	業務用機械器具製造業＋	885.8
	電子部品・デバイス・電子回路製造業＋	653.2
	電気機械器具製造業＋	715.7
	情報通信機械器具製造業＋	820.5
	輸送用機械器具製造業＋	986.6
	その他の製造業	557.4

（出所）地域経済分析システム（RESUS）の産業構造マップよりデータを取得し作成。https：//resas. go.jp/#/24/24201

数が 1 を超えているということは，その地域においてその産業の稼ぎが多いことを意味しますが，従業者数の特化係数が 1 を超えているが，付加価値額のそれが 1 を下回っているということは，多くの人を雇用している割には，その産業での付加価値額がそれほど大きくないということです。生産性の観点からすると，このような地域では，その産業のアウトプットをさらに増やすか，あるいはインプットである従業者を他の産業に振り分けるか等の効率化に対する工夫の余地があるでしょう。ではなぜ，同じ製造業であっても，このような生産性に差があるのでしょうか。

　1 つ目の理由としては，製造業の中にも生産性の高い産業とそうでない産業があるという点です。

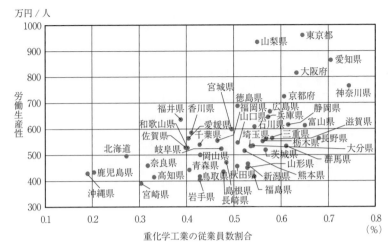

図 4.5　重化学工業従業者数割合と労働生産性

(出所) 地域経済分析システム（RESUS）の産業構造マップよりデータを取得し作成。https：//resas.
go.jp/#/24/24201

　表 4.2 は，2016 年の製造業の中分類別の生産性を示しています。ここでの生
産性とは，付加価値額を，企業単位の従業員数で割った労働者 1 人当たりの付
加価値額です。同じ製造業であっても，中分類の産業ごとに生産性が異なるの
が分かります。また，いわゆる軽工業と重化学工業で分けてみると，重化学工
業の生産性の平均値は 651.3 万円／人であるのに対して，軽工業のそれは 469.0
万円／人であり差があります。重化学工業は設備や建物に多くの資本が必要で
資本集約型産業と言われていますが，これら大型の建物や設備を用いることで
大規模生産が可能になりますので，高い労働生産性が達成できるのです。

　重化学工業の従業員割合と労働生産性の関係を**図 4.5** で示しています。これ
によれば重化学工業の従業員割合が多い都道府県ほど，労働生産性が高い傾向
がみられます。

　2 つ目の理由は，集積の経済の効果です。より多くの労働者が集まる産業は，
集積の経済が働くことでより生産性が高くなると考えられます。この集積の効
果については，6 章で詳しくみますが，関連する産業の会社が多く集まることで，
お互いに情報交換が行われたり，様々な刺激を受けあったりして生産性が向上
すると言われています。あるいはそのような産業での労働機会を得るために，

労働者が多く集まりますので，企業側もより能力の高い労働者を見つけることが容易になり，生産性をあげることができます。

　労働者の生活面でも，多くの労働者を対象にした産業がさらに集まることで暮らしの環境が向上し，そこでの生活の魅力や便利さが上がっていきます。そしてこれが労働意欲の向上につながり生産性にもプラスの影響をもたらすかもしれません。

④　地域間格差に対する政策

　第1章や第4章でみてきたように，人口や生産性以外にも様々な点において地域間の格差が存在することが分かりました。このような格差に対して，政府はどのような対策をとってきたのでしょうか。

　第二次世界大戦後，京浜，中京，阪神，北九州の四大工業地帯を中心に経済復興が進んでいきます。大規模な生産設備によって生産される工業製品は生産性が高く，そのため所得も農業をするより多くを得ることができました。そのため人々はこれらの地域へ農村地帯からお金を稼ぎに移住してきます。多くの労働力を得た工業地帯では順調に成長をし，さらに1960年の所得倍増計画のもとさらなる生産性向上や輸出競争力強化などを目指し，1960年から約7年で日本の実質 GDP は倍になりました。この成長時，太平洋ベルト地帯の大都市への人口流入は，それ以外の地域との格差をさらに拡大することになりました。同時期政府は，「国土の均衡ある発展」という基本理念を掲げ，全国総合開発計画（全総）を策定しています。この全総では地域間の生産性格差を拠点開発方式によって解決しようとしています。

　拠点開発方式とは，地方に新産業都市や工業整備特別地域を設定し，これらの地域への資金援助を通して，道路や鉄道，港湾などの社会資本を整備します。そしてさらに臨海地域に工場基地を誘致することで周辺の都市の発展を促し所得を向上させるのです。これが拠点開発に当たる部分で，この拠点地域に住む人々の豊かになった生活を支える周辺の農村地帯においても酪農や畜産，新しい農産物の栽培といった高付加価値で生産性の高い農業が発達し，成長するという方式で，地域格差の是正を目指しました。しかし思ったほどには地方も成

長せず，また都会においても過密，公害問題などが発生してくることになりました。その後，1969 年に新全国総合開発計画（新全総）を策定し，いわゆる太平洋ベルト地帯とその他の地方や地域の発展，そして住民の生活環境改善を目的に進められてきました。これらの計画に関連した公共事業はその地域での生産力を上げたり需要を創出したりといった経済効果を期待して継続して行われてきています。公共投資中心の景気対策は政策手段としてはもっともよくとられる方法です。このことは，特に地方においては，公共投資への依存度が高まる要因になっています。

　財政の面でも地域間の格差は存在します。税収獲得能力や公共サービスの格差，あるいは公共サービスを供給するコストの格差など様々な格差が存在します。図 4.6 は，2017 年の都道府県別財政力指数です。財政力指数とは地方公共団体の財政力を示す指数で，ここでの値は基準財政収入額を基準財政需要額で除して得た数値の過去 3 年間の平均値となっています。財政力指数が高い都道府県ほど財源に余裕があるといえ，1 を超えると自治体だけの収入で行政を執り行うことができるという目安になります。現在 1 を超えているのは東京都のみであり，その他の都道府県との格差が非常に大きいことが分かります。例えば島根県は財政力指数が 0.26 と最も低い値であり，東京都との格差が非常に大きくなっています。

　このような自治体の経済力の格差を是正する制度の 1 つに地方交付税制度があります。⁽¹⁾これは国からの財政移転の制度です。先ほどの財政力指数が 1 を超えている都道府県は東京都しかありません。東京都だけがこの国からの援助を受けなくても運営ができます。また国から地方公共団体へ補助金という形で支出されているものに国庫支出金があります。国庫支出金は，使途が指定されていますので，格差是正が直接の目的ではありませんが，国から地方への財政移転の 1 つです。

　さてこのような地域間の格差是正政策は功を奏しているのでしょうか。人口の急減や超高齢化の影響もあって，地域間の格差は広がっているのが現状ではないでしょうか。いくら公共投資を行って立派なインフラを作ったとしても，

---

(1) 地方交付税や国庫支出金など地方財政は詳しくは第 9 章でみていきます。

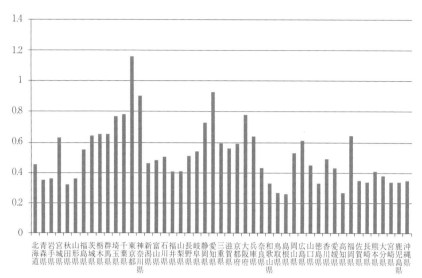

図 4.6　都道府県別財政力指数（2017 年）

（出所）地域経済分析システム（RESUS）の地方財政力マップよりデータを取得し作成。https://resas.
go.jp/#/24/24201

　その地域の経済力が弱いとそれらのインフラを利用する力も弱く，十分に活用
できないことになります。乗数効果が十分に期待できない地域での多額の公共
投資は無駄であるだけでなく，さらなる格差を生んでしまいます。現在，日本
が長期ビジョンの中で掲げている「地方創成」は，自律的で持続的な社会を創
成することを目指しています。地方がそれぞれの特徴をいかして成長していけ
る社会・経済構造が求められています。

⑤　地域の成長

　地域によって産業構造が異なり，また地域格差を是正する政策がとられてき
ていることをみました。では，地方がそれぞれの特徴をいかして成長するとは
どういうことなのでしょうか。地域の産業を大きく 2 つに分けて考える方法が
あります。それが産業二分法です。都道府県を単位として考えたとして，ある
県内で生産された財やサービスを県外に移出し，県外の人がそれを購入してく

れるような財・サービスを生産している産業を，その都道府県の基盤産業と言います。もう１つは県内の人に対して財・サービスを生産し，県内の人がそれらを需要しているような財・サービスを生産している産業を非基盤産業と言います。このように地域の産業を２種類に分けて地域の成長について考える方法を産業二分法と言うのです。基盤産業は，農林漁業，製造業，宿泊業などがあり，非基盤産業は建設業，小売業，公共的サービスなどがあげられます。

　さて，地域経済を活性化させるには，経済活動として地域内で生産，分配，支出それぞれが大きく育っていく必要があります。これらはすべてつながっています。生産活動が拡大すれば，労働者に分配する給料が増え，給料が増えるとその増えた分が新たな消費支出にまわります。そしてまたその新たな消費増は次の生産増につながっていくというように，地域内で経済は循環しています。

　では先ほど地域内の産業を２つに分けましたが，地域の経済循環をより太く循環させるにはどちらの産業が活発になればよいでしょうか。より多くの需要が地域外にあって，その地域外の需要に対応できる基盤産業が地域内で発展していれば，地域外の需要を地域内の産業でまかない，稼いだお金が地域内に大量に入ってきます。基盤産業は地域外の需要に対応しますので，移出（輸出）産業ともいわれますが，このように地域の外から多くのお金を地域内にもたらすことで地域内循環を太くできます。

　一方，地域から出ていくお金をできるだけ少なくすることも地域内循環を太くするためには重要なことです。先ほどの地域外の需要に対応するため，生産活動を活発にするのですが，実はその生産のための原材料はすべて地域外から調達しているような状況であるならば，原材料購入のためのお金はすべて地域外の企業へ流れます。あるいは追加的な生産活動によって増えたお給料から，何か買おうと思っても，その支出を満たしてくれるようなお店が地域内になければ地域外に買い物に行ってしまいます。このようにせっかく外で稼いだお金がまた外へ出て行ってしまうような構造になってしまっていると，地域の循環は太くなりません。先に非基盤産業の代表として小売業と述べましたが，最近はSNSなどを通じて広い範囲に小さな店舗の存在を知らせることが容易になりました。魅力的な店舗には，地域外から多くの人が訪れて，立派な基盤産業の役割を果たします。より多くを地域外で稼ぎ，できるだけ地域内でそのお金

が循環するようにするシステムを構築することが地域経済の発展につながります。[2]

　さらに忘れてはならないのは，地域内のお金の循環には公共部門も影響しているという点です。[4]で財政面の地域格差の存在をみました。財政力の差はその地域に提供されている公共サービスのレベルに影響します。公共サービスを提供するために自治体は税金を徴収します。非効率な自治体経営が行われていると，無駄な公共サービスを賄うために外で稼いだお金の多くが税金によって吸収されてしまうでしょう。あるいはそもそも地域内を循環しているお金が十分になければ集まる税金の額も少なくなってしまい，最低限必要な公共サービスの提供すら賄えないといったことも起こります。また，集めた税金でより地域の経済循環を太くする投資を継続的かつ効率的に行えているのかいないのかは，その地域の将来の経済循環に大きく影響するでしょう。このようにその地域の成長には公共部門の役割もとても大きいのです。

　ここまでの話では，地域の経済成長は需要の大きさ，特に地域外の需要の大きさによって決まるという考え方をしてきました。このように地域の成長の源泉が需要サイドにあると考えることを需要主導型理論と言います。一方で地域の成長の源泉を供給サイドにみる考え方を供給主導型理論と言います。財を供給するのは企業ですから，地域の経済成長には企業の生産構造が大きく影響していると考えられます。企業は生産のために土地を買い，建物を建て，労働者を雇います。またこれまでの生産技術を継続したり，あるいはより高い技術を持った労働者を雇ったりすることで生産性を高める努力をします。また第6章で詳しくみる集積の経済の力も，生産性に影響を与える大きな要因として考えられます。このように地域の成長をもたらす力が，生産という供給サイドにみる考え方を供給主導型理論といいます。もちろん，需要があってこそその生産性の向上努力かもしれませんし，生産性を向上させることで少ない需要でも乗り越えられるようになるのかもしれません。現実には供給側と需要側のどちらも

---

(2)　その地域の基盤産業がどれかを判断するもっとも簡単な方法は[3]でみた特化係数をみることです。特化係数が1を超えるということは，全国に比べてその地域ではその産業が相対的に集中して行われているということです。その地域の稼ぐ力となっている産業と考えることができるでしょう。「自主研究へのヒント」でこのことを取り上げていますのでやってみましょう。

成長の要因としては重要です。

6 産業連関表

　自治体にとって，自地域の発展のために行ったことが，いったいどのくらいの効果をもたらすのかを予測することはとても大事なことです。経済循環の流れをより太くするためには，県内へのインパクトがより大きな策を打つことが効率的だからです。ここでは，都道府県の経済循環の状況をみたり，そこから政策やイベントの県内に及ぼす経済効果を計測したりするために必要となる産業連関表についてみていきましょう。

　ある県の1年間の経済循環の流れを1枚の表にしたものが産業連関表と呼ばれるものです。県内の経済活動から起こったお金の流れを，産業別に整理したものです。自治体はホームページでこの産業連関表を公開しています。実際の産業連関表はとても複雑に見えますが，産業の分類数を減らして見方を理解してみましょう。

　表4.3は産業の分類数を第1次産業，第2次産業，第3次産業の3つに分けた取引基本表と呼ばれる産業連関表を表しています。実際は日本標準産業分類を基本に，13部門，37部門，107部門といった産業数で分類されています。取引基本表は，県の産業間の取引額を網羅したその県の経済の状況を金額で表したものです。この取引基本表からどのようなことが分かるのか，具体的な例でみていきましょう。

　まずは産業連関表を縦にみる見方です。**表4.3**の縦の列①をみながらトマトを栽培している農家を考えてみましょう。農家で作られるトマトは第1次産業に分類されます。1年間にたくさんのトマトを収穫し，それを市場で売ります。その金額が**表4.3**の第1次産業の縦列の一番下の35億円です。この県では1年間でトマトを35億円分生産しています。トマトの栽培にあたっては，トマトの種や苗，肥料を買ったり，ビニールハウスを買ったり，出荷用の箱を買ったりする必要があります。これらはトマトを作るために必要な原材料と考えられ，種や苗は第1次産業に分類され，ビニールハウスや出荷用の箱は第2次産業に分類されます。こういった原材料にかかった金額が，中間投入として産業別に

表 4.3　産業連関表

単位：億円

		①　中間需要			最終需要	移輸出	移輸入	生産額
		第1次産業	第2次産業	第3次産業				
② 中間投入	第1次産業	5	4	7	20	5	6	35
	第2次産業	13	87	30	63	100	90	203
	第3次産業	10	67	70	100	50	70	227
粗付加価値	所得	3	20	80				
	利潤	4	25	40				
生産額		35	203	227				

書かれているのです。**表4.3**の県では，原材料として第1次産業から5億円，第2次産業から13億円，第3次産業から10億円購入したことが分かります。さてトマトの価格にはこれら原材料費が当然含まれていますし，もしトマトの出荷作業に人を雇っている場合はその人にお給料を払う必要がありますのでそれが所得のところに (3億円)，また次の期の投資のためなどある程度残す分がないといけませんのでそれが利潤のところに (4億円) 書かれています。このような所得や利潤のところを粗付加価値と呼んでいます。つまり産業連関表を縦に見ると，その産業で作られたものの価格の内訳が，中間投入と粗付加価値に分けてみることができるというわけです。

　次に第1次産業を横の行②で見てみましょう。これはこの県内に存在するトマトがどこに売られたのかを表しています。トマトは，消費者用としてスーパーに売られるトマトがあります。このトマトの額が真ん中の最終需要のところに書かれています (20億円)。またトマトは，トマト缶として加工されるために，トマト缶を製造する県内のメーカーに売られたり，同じく県内のイタリアンレストランのミートソースの原材料として売られたりするトマトもあります。いわゆる B to B として県内の企業の別の製品生産の原材料として売られるものです。この金額が，どの産業の企業に売られるかに分けて中間需要のところに記入されています。**表4.3**でみると，トマトは県内の第1次産業の企業に5億円分，第2次産業の企業に4億円分，第3次産業の企業に7億円分中間需要として売られたということになります。そしてもう1つ，県の外に売られるトマトがあります。他の都道府県だと移出，他の国であれば輸出になりますが，この

111

合計が移輸出の欄に書かれています（5億円）。さて，ここでトマトが売れた金額を計算してみましょう。B to B として合計 16 億円，スーパーに 20 億円，県外に 5 億円の計 41 億円のトマトが売られたことになりますが，先ほど縦の列で説明したようにこの県ではトマトは 35 億円分しか生産されていません。残りの 6 億円分のトマトはどこから来たのでしょうか。これが，移輸入額 6 億円とかかれているところになります。つまりこの県では，県内の 41 億円のトマト需要を賄うために，6 億円分を移輸入に頼っているということになります。41 億円から移輸入の 6 億円を引くことで行の右端の生産額 35 億円となります。これで先ほどの縦の列でみた生産額と一致します。

　このように県の経済のお金の流れが分かると，そこから例えば移輸入額を中間需要と最終需要の合計で割ると，県内の需要のうち，どれだけを移輸入に頼っているのかという移輸入率が求められたり，また 1 からこの移輸入率を引くと，その県が自給できている割合である自給率を計算することができたりします。しかし一般に産業連関表がよく使われるのは，冒頭にも述べたように例えば新たに新規住宅着工数が増えるような政策をとった場合，この県にはどのくらいのインパクトがあるのかや，万博を県に誘致した場合の経済効果はいくらくらいなのかといった，経済効果は○○○億円！という計算に用いられることが多いのです。

　では，経済効果はどのように計算されるのでしょうか。ここではそのエッセンスを簡単に述べておきます。まず，産業連関表からその県の生産技術をみることができます。縦列①では，35 億円の第 1 次産業の生産を行うためには原材料として第 1 次産業の要素を 5 億円，第 2 次産業の要素を 13 億円，第 3 次産業の要素を 10 億円投入する必要があるわけです。それぞれの投入額を生産額で割ると，1 単位（1 億円）の生産をするのに必要な生産要素を計算することができます。これを投入係数と呼び，表 4.4 に示しています。

　例えば縦列①の第 1 次産業の 0.14 は，表 4.3 の縦列①の 5 億円を生産額 35 億円で割った値です。すなわち投入係数とは，1 単位の生産を追加する際に必要な追加的な原材料の額です。

　では，具体的に投入係数はどのように使うのかをみていきましょう。第 2 次産業で 10 億円の追加的な生産が何らかの効果で新たに発生したとしましょう。

表 4.4　投入係数表

		中間需要		
		① 第1次産業	② 第2次産業	③ 第3次産業
中間投入	第1次産業	0.14	0.02	0.03
	第2次産業	0.37	0.43	0.13
	第3次産業	0.29	0.33	0.31

イベントを行うために新しく会場を建設したとか，あるいは太陽光発電普及の政策のために太陽光パネルの需要が突然増え，パネルの生産はその県でほとんど行っていた等の例が考えられるでしょう。その場合，表 4.4 の第2次産業の縦列②の各投入係数に 10（億円）をかけた額だけ，中間投入として追加的に各産業で新たに原材料が必要になることが分かります。つまり第2次産業の追加的な 10 億円が発生すると，原材料として第1次産業で 0.2 億円の追加，第2次産業で 4.3 億円の追加，第3次産業で 3.3 億円の追加が発生します。これが 10 億円の追加に対する波及効果です。しかしこの波及効果はここでは終わりません。この 0.2 億円の原材料としての第1次産業の追加のために，今度は縦列①に 0.2（億円）をかけた追加的な原材料の生産が必要になります。同様に第2次産業の 4.3 億円の追加には縦列②に 4.3 を，第3次産業の 3.3 億円の追加には縦列③に 3.3 をかけた額が，さらにそれぞれの産業に追加的に中間投入として新たに生産が必要になるのです。さらにこの追加的な中間投入に対して新たな生産が，というように延々と影響が及んでいきます。このすべての影響の額を合計したものが追加的な 10 億円のインパクトになります。このようにして，あるイベントが発生したときの経済効果は，どの産業にどれくらいの追加的な効果が最初にあるかを設定しさえすれば，あとは波及効果をすべて合計すれば計算できるのです。

７　まとめ

1.　格差を検討するための指標としてローレンツ曲線とジニ係数があります。
2.　市町村別に人口分布をジニ係数でみても，第1章でみたように全国的に各

地域でより人口密度が高い中核都市に人口が集中していることが分かります。

3. 地域別の産業構造の違いによって地域の生産性の格差が生じている可能性があります。本章では，製造業の特化係数と製造業の中でも中分類の労働生産性の違いから生産性の格差を検討しました。

4. 上記のような人口格差や生産性格差を是正する政策は財政移転ですが，これが奏功しているか疑問です。

[練習問題]

① ローレンツ曲線とジニ係数の関係を，図を用いて説明しましょう。

② 特化係数とは何を表したものでしょうか。また，本章では扱いませんでしたが，拡大係数を調べてみましょう。

③ 産業の生産性は何に起因するかを製造業で考えてみましょう。

[自主研究へのヒント]

① あなたの住んでいる都道府県で市区町村別人口のジニ係数を国勢調査で20年間程度の推移を出して，都道府県内での人口格差がどうなっているかを検討してみましょう。

② 本章では製造業の特化係数を都道府県別に検討しましたが，産業分類の大分類で他の産業も検討してみてください。

③ 練習問題で調べた拡大係数と特化係数からあなたが住んでいる都道府県の産業構造を検討してみましょう。

④ 地域の基盤産業が何かを判断する方法の1つとして特化係数でみる方法があります。都道府県の産業別に特化係数を計算してみて，その地域の稼ぐ力となる基盤産業が何かを調べてみましょう。都道府県間でどのような違いがあるかもみてみましょう。

⑤ [6]の産業連関表については，各自治体のホームページで詳しく解説されています。また実際の波及効果の計測方法も丁寧に解説されている資料を載せている自治体もあります。特に千葉県の産業連関表についての解説は大変読みやすく書かれています。ここで掲載した波及効果の計算方法は直感的には分かりやすいですが，実際には計算するのが面倒な方法です。実際に計算するのに便利な方法などがやさしく解説さ

れていますので，ぜひ参考にしてみてください。

『入門産業連関表——その見方・使い方』〔令和3年改訂版〕

https：//www.pref.chiba.lg.jp/toukei/toukeidata/sangyou/h27/27riyou.html

第 5 章

地域間人口移動の理論と実際

　長らく法則性はないとされていた人の移動に関して，地理学者のラベンシュタインは「移動の法則」と呼ばれる 2 つの論文において，人口移動に関する経験則をまとめ，人口移動にはその量や方向において法則があることを発表しました。[(1)] そこには，①移動の多くは短距離移動であり，移動の流れは中心業務地区に向いている，②都市への人の移動は，都市から最も近い周辺（農地）から起こり，次にその周辺へさらに遠くの周辺から流入するというように，段階的に起こる，③人口が流入する過程，流出する過程は同じである，④ある都市への流入は同時に流出も引き起こす，⑤長距離移動者は商工業の盛んな都市へと向かう，⑥都市で生まれた住民は農村で生まれた住民より移動しない，⑦女性の方が移動しやすい，⑧大都市の人口増加は主に社会増の影響による，⑨都市内の商工業の成長や交通の発達はより多くの人を引き付ける，といったことが述べられていました。19 世紀の人口移動についての経験則ですが，現代の移動を考えてもうなずける内容が多い一方で，現代では少々解釈に困るようなことも観測されていたようです。ここでは実際のデータを示しながら日本の人口移動の特性についてみていきます。また後半では，人口移動に関する理論の紹介を行います。

1 日本の人口移動と特性

　国立社会保障・人口問題研究所（2018）によると，一生のうちの引っ越しの回数の平均は 3.04 回だそうです。北海道は最も多く 4.30 回，最も少ないのは福井

---

(1) Ravenstein（1885,1889）

県で 1.89 回です。**図 5.1** では，1959 年からの男女別移動率の推移を示していま
す。移動率とは，5 年前の居住地と調査時の居住地が異なる人の全国の日本人人
口に対する百分比です。実線が全体の移動率の変化で，2 つの破線で，都道府県
間の移動と都道府県内の移動を区別しています。第 1 章で述べたように，1950
年代から 70 年代の初めまでの高度成長期には，都道府県間だけでなく，人口移
動が都道府県内でも起こっていたことが分かります。しかし 70 年代の低成長期
以降，人口移動が一貫して減少していることが分かり，特に都道府県間の比較
的遠距離移動が大きく下落しました。90 年代に入ってからは，都道府県内移動
率のほうが高くなっているのが分かります。

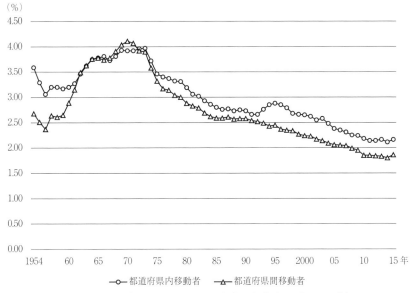

図 5.1　都道府県内・都道府県間移動率（％）の推移（1954 年～2015 年）
（出所）国立社会保障・人口問題研究所（2018）『第 8 回社会保障・人口問題基本調査（人口移動調査）』

　第 1 章と第 3 章では，人々はライフサイクルに応じて，様々な理由で移動し
ていることを説明しました。そこで**図 5.2**～**図 5.4** では年齢階級別の人口の移動
を，2015 年時点で人口が 100 万人以上都市と 30 万人以下都市，そして東京 23
区に分け，1980 年から 2015 年の期間の推移をみてみましょう。横軸では 5 年ご
との期間を示しています。まず**図 5.2** では移動前の年齢が 15 歳～19 歳であった

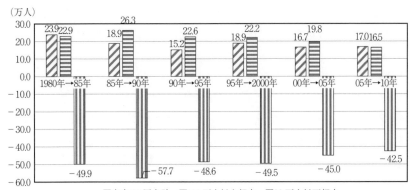

図 5.2　15-19 歳→20-24 歳階級の転入超過数の推移

（出所）国立社会保障・人口研究所（2018）『第 8 回社会保障・人口問題基本調査（人口移動調査）』

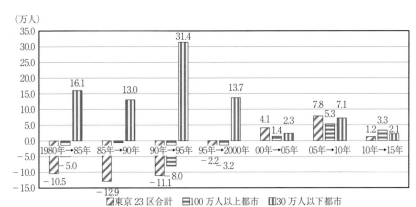

図 5.3　30-45 歳→35-50 歳階級の転入超過数の推移

（出所）国立社会保障・人口研究所（2018）『第 8 回社会保障・人口問題基本調査（人口移動調査）』

人たちの移動を示しています。15 歳での一人暮らしは難しいですが 18 歳，19
歳の大学進学や就職，また大学卒業というライフステージの人々がこの 5 年間
の期間に含まれます。はじめて親元を離れて一人暮らしをする人々が多くいる
年齢階級です。最も特徴的なのは，この年代の人々は地方都市からはずっと流
出し続けている，ということです。進学や就職で 30 万人以下の小さな都市から
出ていっていることが分かります。また東京 23 区に転入してくる人は 1980 年
以降減少傾向にあり，その後また増加しています。逆に東京 23 区以外の人口

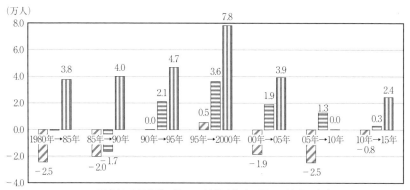

図 5.4　65-79 歳→70-84 歳階級の転入超過数の推移
（出所）国立社会保障・人口研究所（2018）『第 8 回社会保障・人口問題基本調査（人口移動調査）』

100 万人以上の都市では，1985 年から 1990 年のバブル期に最も多くの人が流入しました。東京 23 区はこの時期，地価が非常に高くなり，この年齢階級の収入でのこの地域での生活は難しかったと考えられます。

　図 5.3 では年齢階級が移動前 30 歳から 45 歳の人々でみています。この年代は仕事上の移動や結婚，出産等の家族構成の変化による移動，そして借家から持ち家，ワンルームからファミリー向けへの移住といった住宅に関する理由が多いと考えられる年齢階級です。したがってより広い土地を郊外に求めて，戦後から一貫して 1990 年代半ばに向けて多くの転入者が 30 万人以下の地方都市へと移動している状況が分かります。しかし第 1 章と第 2 章で考察したように，2000 年以降，東京だけでなく 100 万人以上の都市において人々が戻ってくる傾向がこの年代で顕著にみられます。

　最後に，図 5.4 で移動前の年齢が 65 歳から 79 歳の人々をみてみましょう。多くの人がリタイヤをしており，事情により子供たち夫婦のところに移り住んだり，仕事と関係なく好きな場所へ移動できたりするライフステージの人々です。目につくのが 2000 年をピークに，大都市への移動だけでなく 30 万人以下の都市への移動も減少している点です。2015 年の国土交通白書によると，出身地や現在の居住地に関係なく，地方移住の希望割合がもっとも低いのが 60 歳以上の年代であることが報告されています。一方で 2015 年に向けては 23 区への移住

や地方への移住者が少し増えているようにもみられます。人口減少時代の国策の1つである二地域居住の普及の可能性も考えられるかもしれません。

② 人口移動の理論

　これまで，ライフステージに応じて人々の移動は起こっているということを説明し，年齢階級別に実際の移動のデータをみてきました。では経済学理論の枠組みから人口移動はどのように説明できるのでしょうか。まず第3章で説明されている付け値曲線を用いた分析があげられるでしょう。ライフステージに応じて，世帯が求める居住環境は変化します。都心近くの便利さを求めていた人が，結婚し家庭を持つと，郊外のより広い静かなところでの居住地に住むことを好むようになるでしょう。あるいは子供がいないと，都会のもっと便利なところへと移動するかもしれません。退職後は自動車免許を返納したことで現在の自動車中心の生活から公共交通利用中心の生活に変化することで，それらの交通網を重視した居住地へ引っ越すかもしれません。このような自分や世帯の生活の変化に応じた人々の居住地に対する選好も変化し，第3章の単一中心都市を想定した付け値曲線による説明に沿った居住地の変更が行われるのです。この説明でイメージできる移動は，比較的距離の短い移動，例えば同一市区町村内の移動などが当てはまります。例えば都心から郊外への移動，あるいはその逆，A沿線からB沿線に引っ越しといった移動です。
　では，もう少し広い範囲でとらえた都道府県間などの地域間の移動はどうして発生するのでしょうか。今の時代であれば，短い移動の要因と同様，ライフステージによる変化が要因である場合も多いでしょう。しかし，戦後の日本のような経済が急速に成長する時期は，国内の産業構造が大きく変化します。そのような場合は，これまでの仕事から別の仕事に変わることで，所得を大きく増やすことができます。戦後，農業をしていた人々が都市へでて製造業に従事し，所得を大きく増やした時などは，移動の原因は農村と都市の所得格差でした。現在においても，国の経済が急速に発展している地域などでは，移動の要因は所得格差です。国家間でも同様で，発展途上国から先進国へ移住することで，所得を大きく増やすことができます。このように，より遠距離の移動が盛

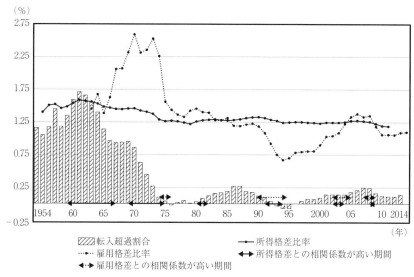

図 5.5　転入超過, 所得格差, 雇用格差の推移
注：国土交通白書 2015 をもとにより筆者が再計算
（出所）総務省『住民基本台帳人口移動報告』, 厚生労働省『一般職業紹介状況（職業安定統計）』, 内
　　　閣府『県民経済計算』, 総務省『消費者物価指数』

んに起こるときは, 所得格差が原因になっていることが多いと考えられます。

　あるいは, 雇用機会そのものが原因と考えることもできるでしょう。失業を
避けるため, 雇用される可能性がより高い地域に移動するのです。経済学では,
その職で得られる賃金額に雇ってもらえる可能性を就業確率としてかけたもの
を, 期待賃金と呼びます。人々は期待賃金の高い地域や国に移住するのです。[2]

　第 1 章と第 7 章では, 東京圏の人口流入と賃金水準について 1975 年以降で考
察していますが, ここではもう少し前からみてみましょう。図 5.5 では所得格差,
雇用格差, 転入超過割合の 1954 年以降の変化を示しています。転入超過割合
（％）は転入者数から転出者数を引いた値を日本人人口で除したものを百分率に
換算し, 棒グラフで示しています。1950 年から 1960 年代前半の, 三大都市圏へ
の人口流入はかなり多かったことが分かります。その後 1997 年と 2007 年あた
りをピークに小さな山が 2 つありますが, 高度成長期の人口移動からすれば転

（2）簡単な数式を用いた解説は佐藤（2014）のテキストの第 3 章を参照してください。

入の規模はとても小さいです。

　実線の折れ線で示されている所得格差は，1人あたり県民所得の三大都市圏平均値と三大都市圏を除いた県の合計値の比率です。破線の折れ線は雇用格差で，三大都市圏の有効求人倍率の平均と三大都市圏を除く全県合計値の比率です。所得格差の値は1.5から1.2の範囲で緩く下降しています。それに比べて雇用格差の変動は大きいことが分かります。ではこれらの値と転入超過割合の関係はどうなっているでしょうか。そこで転入超過割合と所得格差の値，転入超過割合と雇用格差の値の相関係数を計算してみます。横軸の年数を中心に前後2年をとった5年の期間で相関係数を求めています。そして相関係数の値が0.8以上になる区間を横軸の上の矢印で表してみました。これらによりますと，1970年代中頃までは，所得格差と人口流入の相関が高い時期が多くみられます。一方で1990年代以降は，どちらかというと雇用格差の値との相関が強くみられる期間が多く存在します。

　もちろん，相関係数だけでは因果関係までは分からず，所得や雇用機会に格差があるので人が移動しているのか，人がその他の要因で移動するから格差が広がっていくのかはより詳細な分析を行う必要がありますが，高度経済成長期のように，所得や雇用が移動の原因の1つになっている時代があったことは間違いありません。

　所得や雇用機会の格差は人口移動の要因になりますが，その他，第1章でも考察しているように様々な居住環境の違いが，人々の移動のきっかけになります。この居住環境と密接な関係にあるのが住宅です。政府が行う住宅政策によっても，人々の移動は影響を受けます。1970年半ば以降，景気の停滞時期に入ると，政府は経済を活性化するために住宅政策に力を入れます。住宅，特に持ち家を多くの人々が実現するようになれば，経済は刺激され景気が回復すると考えたからです。実際，1970年あたりから住宅着工戸数は大きく増えます。同時に公営住宅の建設戸数はこの時期抑えられます。住宅金融公庫の力を借りて，大量の民間住宅建設が進むのです。住宅はとても高価な買い物です。都心での広い一戸建ての購入は難しく，できるだけ土地代を抑えようと郊外へ移住するようになります。一戸建てだけではなく，集合住宅の開発も郊外で行われるようになり，いわゆるニュータウンと呼ばれる大規模集合住宅もこの頃に大量に

建築され，多くの人がそこへの居住を希望し移動しました。ニュータウンの多くが，都道府県や市町村，そして都市機構などの公的機関で開発されており，それらは比較的安い価格での販売や賃貸が行われています。

③　夢のマイホーム

　戦中，日本の半分以上が借家住まいでしたが，戦後，持ち家率が一気に上昇します。要因としては，まず戦後の高度経済成長期の産業構造の変化があげられます。1950 年の第 1 次産業就業者数の割合は 48.5% でしたが，2010 年には約 4% にまで低下しています。一方で第 2 次産業，そして第 3 次産業に従事している人は急激に増えていきました。これらの産業で働く人々は通勤をする必要があり，公共交通機関を利用して多くの人が自宅と職場の往復をし始めたのです。

　地方で第 1 次産業に従事していた人々は，都市部へ移住し，自分たち世代だけが居住するための住宅を購入し始めました。住宅の購入は日本経済にプラスに影響します。政府は，戦後の日本経済を急激に活性化させるために，マイホーム購入を積極的に後押ししたのです。住宅金融公庫を設立して，公庫融資をはじめ，長期間，固定された低い金利による資金の貸し付けを行うことで，より多くの人々にマイホームが手に入るように支援しました。さらに住宅の購入が難しい人たちに対しては，日本住宅公団を設立し，集団住宅や宅地の供給を盛んに行ったのです。このような政策による持ち家志向の後押しや，高度経済成長期の所得上昇の結果，都市人口はどんどん増えました。やがて，都市が過密になってくると，人々はマイホームを郊外へと求めていきます。郊外では，広い土地が比較的安く手に入るため，住宅開発が盛んに進みました。ニュータウンという巨大な集合住宅の群れができたのもこの時期です。このような戦後の日本経済活性化のための住宅政策が，都市の郊外化の流れを作った要因の大きな 1 つであることは間違いないでしょう。

　現在あるニュータウンの実に約 6 割が 1970 年代までに建てられました。図 5.6 では，1955 年以降，ニュータウン開発が行われた地区数と面積の推移を示しています。全体の約半分の地区数や面積が，1975 年までに開発されたことがわかります。この時期，郊外のニュータウンへ移り住んだ人々も今は高齢者です。

地域全体の平均年齢よりその地域にあるニュータウンの住民の平均年齢の方が高い地域もあります。建物の老朽化も進んでいるのですが，高齢者が住んでいる建物の建て替えは難しいのが現状です。集合住宅ともなれば居住者の合意も必要ですし，一時的に違う場所へ移ってもらう場所の確保も容易ではありません。また老朽化の進んだ建物には，建物の古さだけでなく，間取りなども時代に合わず，新しい住民の転入も期待できないでしょう。一生に一度の買い物ですので，どうしても新たな住宅開発地の庭付き一戸建て新築住宅に目がいきがちになります。このように，夢のマイホームを手に入れやすくするために政府が戦後様々な政策を打ってきたニュータウンも，人口や世帯数がますます減っているのが現状です。ニュータウンなどの大規模集合住宅群のように，同じ時期に同世代の多くの人々が移住した地域に起こりやすい問題です。

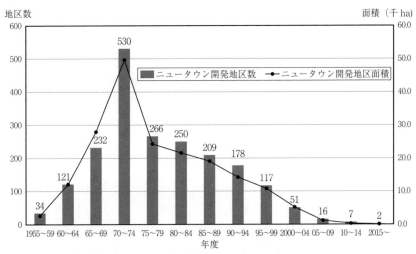

図 5.6　ニュータウン開発地区数と開発面積の推移

（出所）国土交通省土地建設産業局の分析より
　　　　https://www.mlit.go.jp/totikensangyo/totikensangyo_tk2_000065.html

　図 5.6 からも分かりますように，現在このような大規模のニュータウン開発が新たに行われることはほとんどありません。その代わりに，建築技術の発達により，いわゆるタワーマンションと呼ばれる超高層の集合住宅の供給が盛んに行われています。魅力的な建物のデザインや設備，ロケーションやビューを売りに，近年多くの人が憧れ，居住するようになっています。図 5.7 は首都圏の

超高層マンションの建築戸数の推移です。リーマンショック後，その勢いは落ちましたが，それでもかなりの棟数が毎年建築されています。都心の一等地のタワーマンション以外に，郊外の駅近やウォーターフロントといった地域を中心に今後も多くの超高層マンションの供給が予定されています。

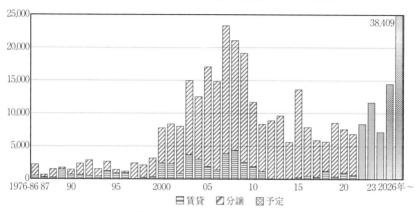

図5.7　首都圏の超高層マンションの戸数と予定戸数
（出所）（株）不動産経済研究所（2022）

　このようなタワーマンションは入居可能な世帯数はかなり多く，先ほどみたニュータウンと同様，販売と同時に，同じような所得水準，同じような家族構成の世帯が一気に増えます。このことは地域の活性化を生みますし，自治体の税収も増えることになりますので，人口減の背景もあり，またニュータウンよりはるかに小さな面積で多くの世帯を入居させることができますので，各自治体もタワーマンションの建設を好意的に考えます。しかし一方で混雑や将来における懸念点もあります。例えば急激に増える世帯数は，学校やインフラの面で十分に対応できないといったことも起こります。また既存のコミュニティーとのかかわり方も重要です。コミュニティーの重要さは近年の都市防災の観点からも指摘されています。さらには，高度成長期時代に急激に増えたニュータウンと同様，今後，非常に狭い範囲での住民の高齢化や建物の老朽化が同時期に進みます。規模の大きな集合住宅なだけに，再開発を行う際の規模も大きくなるでしょう。このような事態を懸念して，超高層マンションの建築規制を行う自治体も出てきています。人口減少時代には，どの自治体も経営の安定を求め，人口流入は大歓迎です。またデベロッパーや住宅関連産業も，新しい土地

での開発を行い続けることで利益を得られます。住民は，気に入った土地にできれば長く住みたいと考えるでしょう。100 年以上先でも快適な地域であるかどうかを見据えて今の開発を行うことはとても難しいですが，戦後から今まで，都市がどのように変化してきたのかを教訓として快適な地域がより多く，長く続くような都市づくりが常に求められます。

④ まとめ

1.　日本では 1950 年代から 70 年代にかけて都道府県間の移動だけではなく，都道府県内での移動が多かったが，70 年代以降は人口移動，特に都道府県間の移動が減りました。

2.　人口移動はライフサイクルに応じて起こっており，18 歳，19 歳の人々は1980 年から東京 23 区，100 万人以上の都市では転入超で，30 万以下の都市では転出超となっています。30～45 歳の人々は家族での移動が多くなりますが，バブル期には東京 23 区や 100 万人以上の都市が転出超になり，30 万人以下の都市で転入超となっていました。2000 年以降は東京 23 区や 100 万人以上の都市も転入超となっています。65～79 歳の人々は 1990 年までは東京 23 区，100 万人以上で転出超でしたが，1990 年～2000 年にかけていずれも転入増になり，2000 年以降は東京 23 区では転出超となるなど変化が多くなっています。

3.　人口移動の理論的検討は非常に難しいのですが，経済学的には雇用格差と賃金格差が考えられます。1954 年以降の雇用格差，賃金格差と人口移動との相関をみると，期間によって雇用格差と相関が高い期間と所得格差と相関が高い期間がみられます。この 2 つの要因以外に居住環境や政府の施策などによって人口移動が起きているようです。

4.　人口移動は様々な問題を引き起こします。1970 年代に郊外に作られたニュータウンは建物の老朽化，住民の高齢化に伴って，都市のスポンジ化が進んでいます。近年，建築されているタワーマンションでも同じような問題が起こることが懸念されます。

練習問題

① ラベンシュタインの「移動の法則」と日本の人口移動の特性の違いを考えましょう。

② 日本のライフステージごとの移動要因を考えましょう。

③ 距離が短い移動と距離が長い移動に対して，賃金格差や家賃が与える影響を考えましょう。

自主研究へのヒント

① 人口が増加している都道府県と人口が減少（あるいは増加が少ない）都道府県で県内移動がどのように違うかを検討しましょう。

② 『人口移動調査』は5年に一度非常に面白い内容のアンケートを行っています。このテキストでは量的な問題しか記述していませんが，各期各年齢層で移動の要因分析を行ってください。

③ いくつかのニュータウンを対象にその地域の平均年齢の推移をみるなどの，ニュータウンの人口移動を検討しましょう。

第6章
都市集積と都市規模

　2021年2月23日にトヨタは，スマートシティーとして，Woven Cityの開発を静岡県裾野市でスタートさせました。何もないところに都市を1つつくるという壮大なプロジェクトです。まずは高齢者と子育て世帯が住み，そこに「発明家」なる人々も住むことで，世界の都市が直面している高齢化や少子化の課題解決策をいち早く「発明」し，実際の都市政策に役立てていこうという，まさに実証実験としてのリアルな都市です。

　なぜ自動車をつくっている会社が，都市をつくるのでしょうか。都市には多くの人々が住んでいます。人々が生活していくには移動が必要です。人の移動，物の移動，単に自動車と考えるのではなく，モビリティサービスとして考えることで，未来都市の姿がみえてきます。世界中の都市が抱えている問題の中には，移動手段の何らかの革新が起こると解決するものが多くあるのです。同じくアメリカの自動車会社テスラの共同創設者であるイーロン・マスク氏も，都市生活の中で最大の無駄である渋滞緩和のために，地下に道路ネットワークを張り巡らせようとしています。都市において，移動はとても重要な役割を担っているのです。

　未来ばかりではありません。歴史をみればとても高度な文明をもっていた古代都市がいくつも存在したことが分かります。この章では，古代から現代，そして未来へ，多くの人が生活を送る都市がどうして存在するのか，そのために必要な3つの要素，自然条件，規模の経済，集積の経済についてみていきます。

1 都市の形成

(1) 自然条件

　古代，メソポタミア，エジプト，インド，中国の大河流域に都市は生まれました。狩猟を主に生活していた人間が，農耕牧畜をするようになって定住し始めることで，都市ができてきます。都市とは人々が大勢集まってある程度密集して生活している範囲をさすと言えます。農耕牧畜や生活をしていくのに水は欠かせませんから，近くに大きな川があればそれだけ多くの人の生活を支えることができたのでしょう。定住ができるようになり，農耕牧畜によって安定した生活が送れるようになってくると，人口も増えてきます。人々はさらに集まることによって助け合うことができるようになり，より大きな都市へと発展していきます。

　都市はどこにできるのか。まずは人が生活していくのに必要な自然条件に恵まれた場所であることが不可欠でしょう。古代の大河流域，交易に便利な地域，自然災害にも強い地域，外敵からの侵入が難しい地域など，人々が定住するのにその他の地域より優位な条件である地域一帯が，都市が形成されるための大きな要因でしょう。言い換えると，自然条件をはじめてとする様々な条件が場所によって大きく異なっていたということが，人を特定の地域に集中して生活させたのです。

(2) 規模の経済

　都市が形成される要因の1つに規模の経済があります。例えばどこでも手に入る素材を使ってアクセサリーを作ることを考えてみましょう。原材料がどこでも手に入るため，誰でも自分の家で作ることができるでしょう。そしてこの人は1日に10個のアクセサリーを作ることができるとしましょう。このような作業ができる人が，ある地域に100人いたとします。この100人はそれぞれ自分の家でアクセサリーを作ることになります。この地域では1日に1000個のアクセサリーが生産されています。

　一方で，この100人がある工場で雇われ1カ所で同じようにアクセサリーを

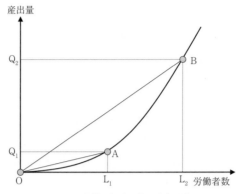

図 6.1　規模の経済がある生産関数

作ったとしたら，1 日で 1 人 12 個作ることができました。するとこの地域では
1 日 1,200 個のアクセサリーが生産されます。1 カ所に集まって生産することで，
1 日の 1 人当たりの生産量が 10 個から 12 個へ増えたのです。これが規模の経
済です。なぜ 1 人が 1 日に作ることができるアクセサリーの数が増えたので
しょうか。1 個のアクセサリーができあがるまでには，デザインを考え，型を作
り，装飾したり磨き上げたりと様々な工程があります。1 人でアクセサリーを仕
上げている時は，これらすべての工程を 1 人でする必要がありましたが，工場
に 100 人が集まることで人手が増え，作業を工程ごとに分担することができま
した。その結果，作業効率を上げることができ，1 日 10 個が 12 個作れるように
なったのです。このようにアクセサリーを作る工場（企業）という 1 つの工場
（企業）を考えた場合に，より多くの人々が集まって生産をした方が 1 人あたり
の生産量が増える状態を規模の経済が働いていると言います。

　図 6.1 は規模の経済を図で表しています。横軸は労働者の数，縦軸は生産され
る産出量です。このように生産に必要な要素（労働）と産出量の関係を描いたグ
ラフを生産関数と言います。この図では，点 OAB を通る右上がりの曲線がそれ
を表しています。L_1 の労働者数のときに産出量は Q_1，L_2 の労働者数に増える
と産出量は Q_2 になります。そして，点 A と点 B の時の労働者 1 人当たりの産
出量は，線分 OA と OB の傾きになりますので，傾きが大きい L_2 の労働者数の
方が，1 人当たりの産出量が多いということになります。生産関数が図のような
形状であれば，横軸の労働者の数が多くなればなるほど 1 人当たりの生産量が

増えるという，規模の経済が働くことが分かります。このような生産関数を規模に対して収穫逓増である，と言います。生産に必要な要素（この場合労働）を2倍にすると生産量は2倍を超える場合です。

　では規模の経済がどうして都市の形成につながるのでしょうか。規模の経済が働き，生産規模が大きくなっていくと，アクセサリーの生産に関係する素材を扱う企業やアクセサリーを作る技術を持った人が多く集まり始め，アクセサリー生産が盛んな地域が生まれます。同じ産業に関係する中小企業がたくさん集まり，地場産業となってその地域で発展し始めるのです。

　さらに近代化した，またより大きな製品を生産する企業が中心となると，規模の経済による効果も大きくなり，そして関係する人の数も多くなり，その企業を中心とする都市が形成されるようになります。これが企業城下町と呼ばれる都市です。例えば冒頭にお話しした自動車の組み立て工場を考えてみましょう。トヨタの工場は国内に11カ所ありますが，そのすべてが愛知県に立地，さらにそのうちの6カ所が豊田市に立地しています。従業員数は多いところで7,000人を超える規模のところもあります。そして市内の製造業で働く人の約85%が自動車関連産業で働いているようです[1]。まさにクルマのまちです。

　自動車のように部品数が非常に多くなるとそれらの部品を作る工場もその周辺に立ち始めます。このように生産規模が大きくなればなるほどより多くの関連した工場や企業が集まり，より大きな都市が形成されるのです。このような製品自体が大きいサイズのようなもの，あるいは複雑な組み立て工程である製品の場合は，大量生産をするためには組み立て工程の自動化や産業ロボットの導入などが作業効率に大きな影響を与えます。このようなオートメーション化を行うとすると，工場操業時に莫大な費用がかかります。これを固定費用と呼びます。しかし固定費用は，最初に一定額かかるので，産出される製品の量が多くなればなるほど1つの製品当たりの固定費用は小さくなっていきます。つまり1個あたりの平均費用がどんどん下がるのです。結果，産出量が多くなればなるほど生産性が上がることになります。このように費用面からみても規模の経済を説明することができます。

---

(1) 豊田市ホームページより。

(3) 規模の経済と輸送費

　規模の経済は，1つの場所へ同一の企業の工場を集約させる力があることを
みました。では，常にこのように工場は1カ所に集まるのがよいのでしょうか。
実は必ずしもそうはならないのです。その時に重要なのは輸送費です。工場で
作られた部品や製品などの生産物は必ず需要者がいるところまで輸送されます。
規模の経済が働くからといって，もし日本中にある製品を作る工場が，国内に
たった1つしかなかったらどうでしょうか。北海道から沖縄まで，需要者のも
とにその製品を届ける必要があります。一方で，ある程度の間隔で工場を立地
させておくと，それぞれの地域への輸送費を節約することができるのです。こ
のように，規模の経済により生産を集めることによる増加する単位あたりの生
産量と，集まることで増加する工場から需要地への輸送費との大小関係によっ
て，1つの工場でどの程度の生産規模を達成するのがよいのかが決められるの
です。輸送費がそれほどかからず，そして1カ所に集まることによる規模の経
済が非常に大きい場合は，集積する傾向が高いでしょう。

　輸送費の大小は，交通網がどの程度発展しているか，と考えることができま
す。非常に交通ネットワークが貧弱な国や地域と高速道路や鉄道網が網の目の
ように張り巡らされている地域では，同じ50kmの輸送であっても金銭的でな
く時間的な輸送費用は大きく異なるでしょう。あるいは，個々に生産地と需要
地を直接結ぶよりはある程度の量の製品を1カ所にまとめてから輸送した方が
よいなど輸送自体の規模の経済を考えることができ，輸送の要所においては交
易都市と呼ばれる都市が形成されることもあります。

(4) 集積の経済

　規模の経済により，都市が形成されることを説明しました。しかしそれはあ
くまでも1つの企業，あるいは1つの産業内の規模に関する話ですので，都市
の大きさという点からすると限界があるでしょう。[2]実際，豊田市の人口は約42
万人で，同じ愛知県の名古屋市の人口約220万人の5分の1ほどです。つまり，
規模の経済の力だけで，日本の大都市の形成を説明することは難しいのです。

---

(2) 同一産業内の企業が集積することを，地域特化の経済と呼ぶこともあります。

では名古屋市のような大都市を形成するのに働く力はどのようなものでしょうか。大都市には，非常に多くの企業，小売店，官公庁などが立地しています。1つの企業の従業員の生活を維持するのに必要なレベル以上の，多くの種類や数の店舗や企業などが集まっています。このように，様々な種類の財やサービスを生産，提供する企業や店舗が非常に多く集まるのは，集積の経済という力が働いているからです。[3]

　最初にみたように，自然条件によって，都市がどこにできるかが決まるでしょう。しかし第1章で説明しているように，都市にはランクがあります。すなわち，その都市がどこまで成長するのかは，その時代時代の文明の恩恵をもっとも受けているところが，大きな都市となっていきます。そして，大都市と呼ばれるほどの都市では，集積の経済が働いています。

　大都市には，人や物，企業などがたくさん集まっています。この集まることが，とても良い影響をもたらします。例えば，企業が人を雇いたいと思ったときに近くにたくさんの様々な能力を持つ人がいると，自企業に必要な人をすぐに見つけることができるでしょう。働きたいと思っている方も，近くにたくさんの様々な企業が立地している方が就職先を見つけやすいでしょう。大都市であればあるほど，企業と労働者のマッチングがうまくいく可能性がとても高くなると言えます。これは探すための時間というコストをとても節約できますし，近くで職場が見つかることは，いま住んでいるところから引っ越しをする必要がなく，さらにその後の通勤といった，働き出してからのコストも大きく節約することができます。

　あるいは，例えば，会社や店舗などのセキュリティーを守る警備会社やオフィス機器のメンテナンスを行う会社などであれば，対象となる会社や店舗がより多く集まっている大都市の方が顧客を見つけやすいでしょう。さらに，それらの利益をねらって，多くのライバル会社が入り競争がうまれ，価格が下がります。このことは，会社や店舗からすれば，これらの警備やメンテナンスの費用を低く抑えることができるメリットになるわけです。このメリットを金銭的集積の経済と呼ぶこともあります。

---

(3) ここで説明するように様々な産業の企業が特定の地域に集まることを都市化の経済と呼ぶこともあります。

　集積の経済の別のメリットは，技術的集積の経済です。これは人と人との会話や交流により，新しい知識を得たり，アイデアが浮かんだりすることで企業の生産性がより高くなる，という状況です。大都市では，様々な職種の人々が集まっており，これらの人々がいろいろなところで交流の機会を得，刺激を受け，自分の仕事や生活にその体験をいかすことができます。新しいプロジェクトについて，関連する産業で働く人にインタビューをしたいと思った時でも，大都市であれば簡単に見つけ，そこへ行くことができるでしょう。その際の交流は，おそらくお互いにとってとても貴重な時間になっていると考えられます。知識のスピルオーバーとも言われる現象です。人々の交流だけでなく，そのような新しい知識を得られる場，自分をより磨くことができるような場を提供する学校や企業も，大都市の方がより多く存在します。

　大都市には，多くの労働者が集まっているため，企業も簡単に必要な人材を見つけることができると述べましたが，労働者の立場からみれば，このことは簡単に自分より有能な労働者に自分の立場が奪われる可能性がある，ということも意味します。そうならないためにも，より努力して働こうとするでしょうし，人よりより多くの技能や資格を身に着けようとするでしょう。あるいは，他の職場で働く友人が多く近くにいることで，彼ら彼女らに負けないように自分もよい生活を送りたい，という気持ちが自分磨きの投資を誘発するかもしれません。このように，大都市には様々な人がより多く集まっており，人々の交流を通して仕事や私生活に影響を与え合います。このことはその都市の生産性を高めることにつながります。そして魅力的な大都市の生活は，さらに多くの人々を引き付けるのです。

　では，実際に人々の集積と生産性の関係についてみてみましょう。図6.2，図6.3は人口密度と2016年の製造業と卸売・小売業の生産性の関係を市区町村単位で散布図に表したものです。縦軸は生産性（の対数値）を，横軸は人口密度（の対数値）を表しています。ここでの生産性とは，2016年の付加価値額（万円）を事業所単位の従業者数で割ったものです。どちらも対数値をとっていますが，正の関係があることが分かります。図中の近似曲線の傾きの値をみると人口密度が1％高いと生産性が製造業で0.16％，卸売・小売業では0.06％上昇することが分かります。

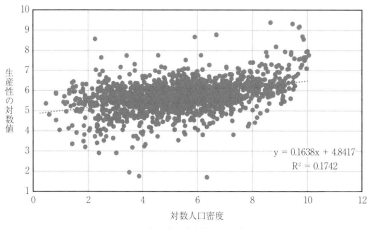

図6.2　製造業の生産性と人口密度

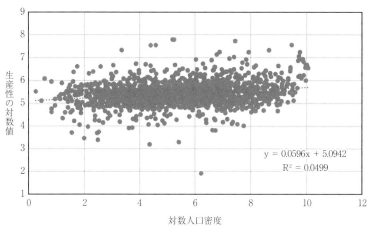

図6.3　卸売・小売業の生産性と人口密度

2 都市の成長過程

　都市も成長しています。では，都市の成長は何でみることができるのでしょ
うか。もっとも分かりやすいのは人口でしょう。人口の変化によって都市の成
長段階をみることができます。都市が成長しているときの人口増加率は高いと

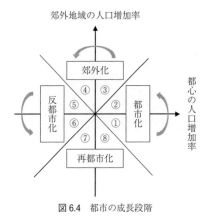

図 6.4　都市の成長段階

言えます。だんだんと都市が成熟してくると増加の速度は落ち，また衰退している都市は人口が減少していきます。例えば東京都でみると，1950 年から 1970 年の 20 年間の人口増加率は約 2％ です。しかし 1970 年から 1990 年は 1.4％，1990 年から 2010 年は約 1.1％ で，増加率が落ちていることが分かります。

　地域学者のクラーセンとパーリンクは，都市圏を中心部と郊外部に分け，それぞれの人口の変化の組み合わせによって都市の成長段階を分類しました。図 6.4 は，都心の人口増加率を横軸に，郊外の人口増加率を縦軸に表した図です。中心部と郊外で，人口が増えたのか減ったのかを求め，図のような座標軸に増加率の値をあてはめてプロットするのです。すると第 1 象限（②と③）は中心も郊外も人口が増えている状況，第 2 象限（④と⑤）は中心の人口が減り，郊外の人口が増えている状況，第 3 象限（⑥と⑦）は中心も郊外もどちらも人口が減っている状況，第 4 象限（⑧と①）は中心の人口は増えているが郊外の人口が減っている状況を表すことになります。それぞれの段階を，都市化，郊外化，反都市化，再都市化としたのです。このような都市の段階と中心付近と郊外の人口変化をまとめたのが表 6.1 です。

　②の段階は，都市の成長過程のもっとも初期段階と考えることができます。中心地はとても発達してきており，人も多く集まっています。郊外の人口も増えてはいますが，まだ中心地付近の人口増加の方が多いです。都市が成長し始めている段階と考えられます。

表6.1　クラーセンとパーリンクによる都市の成長過程

都市の段階			中心地の人口	郊外の人口	人口の顕著な変化
都市化	①	絶対的集中	＋＋	－	都市の中心での人口増加が顕著にみられる段階。
	②	相対的集中	＋＋	＋	
郊外化	③	相対的分散	＋	＋＋	郊外での人口増加が顕著にみられる段階。
	④	絶対的分散	－	＋＋	
反都市化	⑤	絶対的分散	－－	＋	都市の中心での人口減少が顕著にみられる段階。
	⑥	相対的分散	－－	－	
再都市化	⑦	相対的集中	－	－－	郊外での人口減少が顕著にみられる段階。
	⑧	絶対的集中	＋	－－	

注：＋＋は＋と比較して，中心地の場合はより横軸に近い方で，郊外の場合はより縦軸に近い方の時。
－の場合も同様。

　③から④の段階では，郊外の人口増加が顕著になってきている段階です。③では相対的に郊外の人口増加の方が大きくなってきており，④の段階では，中心地の混雑を避けて郊外へと人が流出し始めています。さらに⑤の段階になると，ますます中心地の人口の減少は激しくなり，さらに郊外への人口流入の勢いも落ちてきました。都心と郊外の両方をあわせても人口が減り始めている反都市化の段階です。⑥になると，郊外からも人口が流出し始める，いわゆる都市の衰退が始まります。そして，⑦では郊外からの流出もさらに激しくなり，都心付近には人がかなり少なくなってきているので流出が弱まっています。その後中心地の衰退や荒廃に自治体や国が再開発などを行い，再び都市の魅力が増し始め，中心地へ人が戻ってくるようになります。このような⑦と⑧の変化を再都市化の段階としています。

　衰退し始めた都市が再度中心都市の人口増加を迎えられるかどうかは分かりません。おそらく，日本の多くの地方都市が⑥や⑦といった，中心も郊外地域もどちらも人口が減少している段階にあるでしょう。そこからなんとかして都市を再び成長させようと，各自治体は様々な取り組みを試みています。

③ 都市規模の決定

　第3章では，単一中心都市のモデルを使って，閉鎖都市，開放都市の両方でどのような場合に都市境界が広がるのかをみました。特に人口移動が可能な開

表6.2　世界主要国の都市人口割合の推移

単位：%

国　名	1950年	1980年	2015年	国　名	1950年	1980年	2015年
エチオピア	4.6	10.4	19.4	ロ　シ　ア	44.1	69.8	74.1
コンゴ民主	19.1	27.1	42.7	スロバキア	30.0	51.6	53.9
アルジェリア	22.2	43.5	70.8	デンマーク	68.0	83.7	87.5
エジプト	31.9	43.9	42.8	フィンランド	43.0	71.7	85.2
南アフリカ	42.2	48.4	64.8	ノルウェー	50.5	70.5	81.1
ナイジェリア	9.4	22.0	47.8	スウェーデン	65.7	83.1	86.6
中　　国	11.8	19.4	55.5	イギリス	79.0	78.5	82.6
日　　本	53.4	76.2	91.4	ギリシャ	52.2	69.3	78.0
韓　国	21.4	56.7	81.6	イタリア	54.1	66.6	69.6
バングラデシュ	4.3	14.9	34.3	ポルトガル	31.2	42.8	63.5
イ　ン　ド	17.0	23.1	32.8	スペイン	51.9	72.8	79.6
イ　ラ　ン	27.5	49.7	73.4	オーストリア	63.6	65.4	57.7
パキスタン	17.5	28.1	36.0	ベルギー	91.5	95.4	97.9
スリランカ	15.3	18.6	18.3	フランス	55.2	73.3	79.7
インドネシア	12.4	22.1	53.3	ドイツ	67.9	72.8	77.2
マレーシア	20.4	42.0	74.2	オランダ	56.1	64.7	90.2
フィリピン	27.1	37.5	46.3	スイス	67.4	74.5	73.7
シンガポール	99.4	100.0	100.0	メキシコ	42.7	66.3	79.3
タ　イ	16.5	26.8	47.7	アルゼンチン	65.3	82.9	91.5
ベトナム	11.6	19.2	33.8	ブラジル	36.2	65.5	85.8
トルコ	24.8	43.8	73.6	チ　リ	58.4	81.2	87.4
ブルガリア	27.6	62.1	74.0	コロンビア	32.6	63.7	79.8
チェコ	54.2	75.2	73.5	ペルー	41.0	64.6	77.4
ハンガリー	53.0	64.2	70.5	カナダ	60.9	75.7	81.3
ポーランド	38.3	58.1	60.3	アメリカ	64.2	73.7	81.7
ルーマニア	25.6	46.1	53.9	オーストラリア	77.0	85.6	85.7

（出所）UN, World Urbanization Prospects: The 2018 Revision

放都市においては，都心までの交通費の低下，都市住民の所得の増加，そして農業地代の低下などはいずれも都市の境界が郊外へと広がることを学びました。都市規模に関するデータを少しみてみましょう。国際連合「世界都市人口予測・2018年改訂版」によれば，世界の都市人口は1950年に7億5,100万人でしたが，2018年には42億人に達しています。表6.2は世界の主要国の都市人口割合の1950年から2015年の推移を表していますが，どこの国も，都市に住む人口の割合が大きく増加しているのが分かります。

　表6.3では，日本の人口集中地区（DID）の人口，割合，そして面積の推移を示しています。(4) 1960年から2015年まで一貫して市部のDID人口は増えています。一方で，郡部のそれは1995年をピークに減少しています。さらに，戦後，

表 6.3　日本の人口集中地区（DID）の人口，割合，面積の推移

年次	人口集中地区人口 (1,000人)			人口集中地区 人口割合(%)			面　積（km²）			人口密度 (1,000人/km²)		
	全国	市部	郡部	全国	市部	郡部	全国	市部	郡部	全国	市部	郡部
1960	40,830	38,649	2,181	43.3	64.8	6.3	3,865	3,556	310	10.6	10.9	7.0
1965	47,261	44,605	2,656	47.6	66.2	8.3	4,605	4,228	377	10.3	10.5	7.0
1970	55,997	52,704	3,293	53.5	69.9	11.3	6,444	5,897	548	8.7	8.9	6.0
1975	63,823	60,972	2,850	57.0	71.8	10.6	8,275	7,737	538	7.7	7.9	5.3
1980	69,935	66,359	3,576	59.7	74.4	12.8	10,015	9,277	738	7.0	7.2	4.8
1985	73,344	69,588	3,757	60.6	74.9	13.3	10,571	9,796	775	6.9	7.1	4.8
1990	78,152	73,839	4,313	63.2	77.2	15.4	11,732	10,801	932	6.7	6.8	4.6
1995	81,255	76,774	4,480	64.7	78.3	16.3	12,255	11,335	920	6.6	6.8	4.9
2000	82,810	78,510	4,299	65.2	78.6	15.9	12,457	11,573	884	6.6	6.8	4.9
2005	84,331	81,026	3,306	66.0	73.5	18.9	12,561	11,883	678	6.7	6.8	4.9
2010	86,121	83,520	2,601	67.3	71.9	21.9	12,744	12,219	526	6.8	6.8	4.9
2015	86,868	84,430	2,438	68.3	72.7	22.2	12,786	12,293	493	6.8	6.9	4.9

注1：総務省統計局『国勢調査報告』による。各年 10 月 1 日現在。
注2：人口密度は表の人口を面積で割った値です。
（出所）国立社会保障・人口問題研究所　『人口統計資料』2016 年

　日本でも鉄道網や道路網が拡充され，また通勤鉄道の平均走行速度も上がってきました。都心周辺に住む人々の移動時間の短縮をもたらし，都心までの金銭的，時間的費用が低下しました。この時期 DID 面積も大きく増えていきました。人口の増加率以上に面積が増加するため人口密度は低下しているのが分かります。また人々の所得水準も戦後，大きく上昇していますので，長期的にみると，第 3 章で説明した通り，戦後の都市の拡大は理論とも整合的です。

　そして，人々が都市へ移住してくる要因である集積の経済を前提にすれば都市の規模はさらに大きくなります。しかし第 6 章 ② の都市の成長過程でみたように，都市にも人口流出による衰退局面があります。そのようになる要因でもっとも重要なものは，あまりに人口が多くなった都市において発生する混雑現象，そしてそれがもたらす負の影響です。これを集積の不経済と呼びます。人口が多いと通勤時の鉄道の混雑は相当不快なものになり，会社への往復だけでくた

（4）総務省では，人口集中地区を，次のように説明しています。「国勢調査基本単位区及び基本単位区内に複数の調査区がある場合は調査区を基礎単位として，①原則として人口密度が 1 km²あたり 4,000人以上の基本単位区等が市区町村の境域内で互いに隣接して，②それらの隣接した地域の人口が国勢調査時に 5,000 人以上を有するこの地域である」。

くたになります。都市の魅力であった，レストランや小売店は，いつ行っても人であふれており，満足に食事や買い物もできず，週末にリラックスのために街に出かけても，疲れるだけです。休暇に，日ごろの都会での疲れをとるために，緑の多い地方やリゾート地へ旅行しようと思っても，都市で生活していた人は同じことを考えて行動するので，高速道路や新幹線，飛行機は大混雑です。

　第3章6でも議論していますが，集積の不経済は人や交通の混雑だけではありません。例えば大気汚染，騒音，そして感染症など，人が多い，あるいは密集していることで発生したりその影響がとても大きく長く続いたりすることなどもあります。さらに，そもそも都市の規模が大きくなることでより広い範囲，より遠くまでインフラを供給する必要があり，その維持費はとても高くなります。それらの維持のために都市に住む人々は負担をする必要があるのです。

　また，都市の，郊外へと開発が進むことは，都心の開発に無関心になるということもあります。きれいで新しい住宅街を開発することは，都心においては非常に困難ですが，広いスペースを確保しやすい郊外においては簡単に，しかも低コストで開発が実現することが多いです。そうなると，都心の建物の老朽化，あるいは空き地や空き家が増えるといったことが散見されるようになります。以前はもっとも便利でにぎわっていた都市の中心地が，衰退し荒廃していくのです。

　2で紹介した，クラーセンとパーリンクの理論は，集積の経済と集積の不経済によって起こる都心と郊外の人口の変化に着目した理論でした。では，都市に住む人の効用水準を基準にして，都市の規模を考えるとどうなるでしょうか。

　日本を，都市に住む人と都市以外の地方で住む人に分けます。図6.5では，都市に住む人々の効用の人口に対する変化を $u(N)$，地方に住む人々の平均的な効用を u_R で表しています。

　u_R は，都市に住んでいる人が，地方での生活を考えた場合に得られる平均的な効用水準で，常に一定の値であると仮定します。都市の効用水準 $u(N)$ は，これまで説明してきたように，人口 N が増えるにつれて集積の経済が働き，より多くの店舗や施設などが集まり，都市での生活の魅力度が増していき，都市に住む住民の効用が高くなっていきます。しかしある人口規模，図では N_M 人を超えると，集積の不経済が集積の経済を上回りはじめ，都市での効用水準が下がっ

効用水準

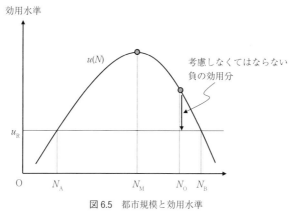

図6.5　都市規模と効用水準

ていきます。

　このような 2 地域の効用を考えると，$u(N)$ と u_R が交わる点，すなわち都市での生活と地方での生活の効用水準が等しくなる点が人口規模が N_A と N_B の時であることが分かります。$u(N)$ と u_R を比較すると，N_A より都市人口が少ない時と N_B より人口が多い時に，$u(N)<u_R$ となり地方生活の効用水準の方が高く，N_A と N_B の間の人口規模の時に，$u(N)>u_R$ となり，都市での生活の方が効用水準が高くなります。

　人々は効用の高い方へ移動すると考えると，人口が 0 から N_A 人の時は，常に地方の効用水準 u_R の方が高いため，誰も地方から出ようとはしません。この人口規模であれば，都市は存在しないのです。しかし，突然人口が N_A を超えた状態に到達することができれば，N_A から右は N_B まで都市の効用 $u(N)$ の方が高いため，人々は高い効用を求めて都市へ移動していきます。その結果，都市の人口は N_A 人から増えていきます。現在の茨城県つくば市は，1963 年に首都圏整備委員会によって首都機能の一部移転の目的のために研究学園都市として都市を作ることが閣議決定され誕生した都市です。一定規模の人や施設を突如誕生させた都市の例です。

　都市の人口が一度 N_A 人を超えると，$u(N)$ の方が高いため，人口はそこでとどまることはなく，どんどん増えていきます。では，どこまで都市への流入が続くのでしょうか。N_B の人口規模で，都市と地方の効用水準は再び等しくなりま

すから，人口はここまで流入し続けます。そして N_B を超えてさらに都市へと人口が流入すると，その人は地方の効用水準 u_R よりも低い効用しか都市で得ることができませんので，その人が都市へ流入してくることはないですし，流入したとしても，都市での生活に満足せず，地方へと戻っていくでしょう。そしてまた都市の人口は N_B に戻ります。すなわち，人口の移動が自由に行われる状態であれば，都市の人口は N_B で落ち着きます。これは経済学で言うところの市場均衡により達成される都市規模と考えることができます。

　では，この人口 N_B の時の規模が，この図の国において最も望ましい都市規模なのでしょうか。実はそうではありません。この国にとって最も望ましい都市規模は，簡単な考察から N_M と N_B の間のどこか，すなわち N_B よりも小さい人口規模の時なのです。この都市のサイズを社会的に最適な都市規模と言います。なぜそうなるのでしょうか。

　地方と都市の効用水準の比較をすることに変わりはないのですが，都市に N 人が住む状態の時に，追加的に移住してきた人の効用水準だけを考えるだけでなく，社会的に望ましい都市規模を考える場合は，この国全体の効用水準を考える必要があります。その場合，追加的な都市への 1 人の移住は，実はそこに既に住んでいた N 人の人々全員の都市生活を少しだけ窮屈にするのです。つまり，都市住民全員の効用が，この追加的な 1 人による混雑分だけ，ほんの少し下がります。ですから，都市全体で考えた場合，この従来住んでいた N 人の効用の負の変化も考慮して，u_R よりもほんの少しだけ $u(N)$ が高い状態の都市規模，N_O にしておくことが，社会的に望ましい人口規模になります。[5]

　しかし，市場で達成される都市規模でみたとおり，N_O で人口規模がとまるのは非常に難しいです。なぜなら N_B の人口規模までは自分の移動だけを考えれば，より高い効用を得ることができるからです。だからといって政府が何らかの政策によって人口の流出入をコントロールして N_O の人口規模を維持させることは非常に困難です。

---

(5) ここでのより詳しい説明は黒田・田渕・中村（2008）の第3章を参照してください。

4 まとめ

1. 都市が成立する要素として，自然条件，規模の経済，集積の経済があります。特に，都市経済では規模の経済と集積の経済が重要になります。

2. 規模の経済では，同じ企業が工場を都市に集約させる効果を持ちますが，どの程度集約するかは輸送費との関係で決まってきます。規模の経済だけでは大都市の形成は説明できません。対して，集積の経済は様々な企業や人々が集まることをいいます。様々な企業や人々が集まると企業と労働者のマッチング費用が低下します。また，人と人との交流で知識のスピルオーバーといわれる現象も起きてきます。

3. 規模の経済と集積の経済によって都市化が進みますが，その過程は，都市化，郊外化，反都市化，再都市化になります。ただし，衰退化した都市が再び再都市化するかは分かりません。

4. 都市規模は集積の経済と，混雑現象によって起こる集積の不経済によって決まってきます。ある規模を超えると集積の不経済の方が大きくなり，都市の効用は減少し始めます。人々が移動することを考えると，地方都市での効用と都市の効用は等しくなりますので，都市の効用は最大になっていません。

練習問題

① 図6.1のような生産関数だと規模を大きくすると1人あたり生産量はどんどん増加しますが，工場は最適な規模があるはずです。どのような生産関数を考えれば良いのでしょうか。

② 規模の経済や集積の経済と同じように企業や製品の規模に影響を与える範囲の経済，ネットワークの経済について調べてみましょう。

③ 図6.5で都市の集積の経済が大きくなったとき，都市規模と効用水準はどうなるかを考えてみましょう。

第Ⅱ部　生活圏編

自主研究へのヒント

① 総務省統計局の以下の Web ページに，大都市圏の「中心市」及び「周辺市町村」に
よって構成される市町村名が出ています。これをもとに人口増加率を様々な年度間
で算出し，自分でそれぞれの大都市圏がどの段階にあるのかを図 7.1 のようなグラフ
にプロットしてみましょう。

https : //www.stat.go.jp/data/jyutaku/2008/1-5.html

② いわゆる企業城下町（トヨタ，マツダ，日立，宇部などがあげられます）というのは
規模の経済が発揮されている都市ですが，企業城下町と東京や大阪のような大都市
で産業構造がどのように違うかを調べてみましょう。

③ 総務省統計局の以下の Web ページに，大都市圏の「中心市」及び「周辺市町村」に
よって構成される市町村名が出ています。これをもとに人口増加率を様々な年度間
で算出し，自分でそれぞれの大都市圏がどの段階にあるのかを図 6.1 のようなグラフ
にプロットしてみましょう。

https : //www.stat.go.jp/data/jyutaku/2008/1-5.html

④ 第 1 章で取り上げた近年人口が減少している政令市で都市の成長を，人口，産業など
を調べて検討しましょう。

⑤ 図 6.2 や図 6.3 では，生産性と人口密度の関係をみました。第 3 次産業やサービス業
といった都市で特徴的な産業のくくり方で生産性を計算して同様の図を描いてみま
しょう。

第III部

都市インフラ編

第7章

都市インフラ

　従来の都市経済学の教科書では都市インフラを扱っているものはあまりあり
ません。しかし，人口減少下ではインフラ整備や補修は非常に重要になってき
ます。都市インフラは規模の経済が大きく，人口が増加する過程では都市イン
フラの平均費用が低下しますが，人口が減少すると規模の経済が小さくなって，
人口増加時に作り出した都市インフラは維持すら難しくなるからです。

　インフラ（Infrastructure）は，一般的には「社会的経済基盤と社会的生産基盤
とを形成するものの総称。道路・港湾・河川・鉄道・通信情報施設・下水道・
学校・病院・公園・公営住宅などが含まれる」（『大辞泉』小学館）とされています
が，本章では住民や企業が足による投票を起こすような地域の魅力を創るもの
と考えます。全国的に効用を上げるようなインフラは含みません。代表的なも
のとして，幼稚園，保育所など教育施設から上下水道など生活に必要なインフ
ラから防災まで幅広く検討していきます。なお，民間企業の集積，例えば大規
模商業施設や娯楽施設なども足による投票を起こしますが，ここでは扱いませ
ん。ただし，都市交通インフラは第8章で検討していきます。

① 地方公共財・公共サービスとは？

(1) 公共財と公共サービス

　上記のように，地域独特の魅力を創り出すものは地方公共財（サービスも含め）
だとしていますので，まず，公共財とは何か定義する必要があります。以下で
は，財，サービスを合わせて財と記します。経済学を学んだことがある人は公

---

(1) 著者のゼミ生で千葉県浦安市の娯楽施設が好きで，近隣に引っ越した学生がいました。大学は遠
くなりますが，大学より娯楽施設を選んだわけです。

共財の定義を知っていると思いますが，一般的に考えられている公共財とはかなり異なっています。通常の経済学では，公共財を競合性と排除性という基準で考えています。まず，競合性です。私がコップ一杯のコーラに口を付けたら，皆さんはそのコーラを飲めなくなります。このような財は競合性を持つといいます。一方，混雑していない無料道路（混雑していないというのが重要です）や四則演算は私が使っても，同時に皆さんも使うことができます。このような財は非競合性を持つといいます。次に，排除性です。財の消費者を限定できる場合を排除性がある，限定できない場合を排除性がないといいます。例えば，一般道は誰もが使用できるので排除性がない財ですが，高速道路は入口があり，料金を払わない人は使用できないので排除性がある財です。

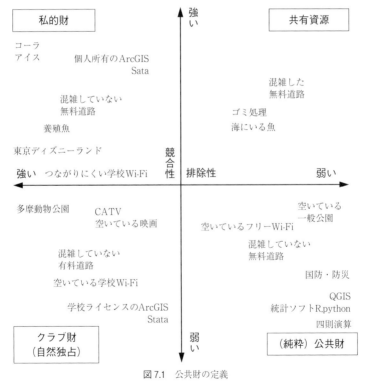

図7.1　公共財の定義

注：ソフトの ArcGIS, QGIS, Stata, Python に関しては「おわりに」を参考にしてください。YouTube や TticTok, Spotify などはどのような財でなぜそのような料金形態になっているかを考えてみましょう。

　一般的な経済学の教科書には**図7.1**のように財を分類しています。横軸に排除性，縦軸に競合性を取り，コーラやアイスなど排除性も競合性も強い財を私的財，海の魚，野生動物など排除性が弱いが競合性が強い財を共有資源といいます。また，CATVや映画（混むと私的財）など排除性はありますが，競合性が弱い財をクラブ財（準公共財ということもあります），国防や知識など排除性も競合性も弱い財を公共財（純粋公共財ということもあります）といいます。ただ，これらの分類は，特に私的財以外はかなり難しくなります。例えば，第8章で扱う道路を考えましょう。**図7.1**に記したように，道路は課金するかしないかと混雑状況によって財の分類が異なってきます。道路の混雑が発生すると，競合性が強く出ますし，混雑していない道路は，競合性はありません。また，費用をかければどの道路でも排除性は強くできますが，課金される道路と課金されない道路もあります。それによって，混雑していない無料道路は私的財，混雑した無料道路は共有資源，混雑していない有料道路はクラブ財，混雑していない無料道路は純粋公共財となります。

　クラブ財も競合性が弱いと考えていますが，混みだすものもありますよね。例えば，学校や会社，マンション内のWi-Fiは排除性があり，競合性は低いと思いますが，中にはつながりにくいWi-Fiもありますので，その場合は私的財に近くなります。また，フリーWi-Fiは排除性がありませんので，公共財か共有資源になりますが，これも混んでいるかどうかで決まります。

　このように，排除性は費用と課金による収入で変わってきます。例えば，富士山の景色を考えましょう。景色は，特定の人に見せないということはできないので排除性がなく，同時に複数の人が同じ景色を見ることができるため競合性がありませんので公共財と考えられています。しかし，例えば絶景が見られるポイントに入場口を作るなど，コストをかければ富士山の景色を見る人を限定できます。もちろん，そのように入場口を作るコストと入場料による収入を比べれば，コストが大きく上回ると考えられるため，無料で開放しています。

　自動車道路で課金できる道路でも通過台数が少ないと1台あたりの課金のコストが収入より少なくなることから，無料の自動車専用道路はあちこちにあり

----
(2) 本章では公共財や準公共財を扱いますが，共有資源も共有地の悲劇といって環境経済でも重要な検討課題になっています。

ます。公園も同じで，柵を作ればどんな公園も課金できますが，無料の方が，効率性が高い（社会的総余剰が大きい）場合は無料で供給した方が良いということになりますし，(3) で記すように，課金が可能でも競合性がない場合は最適供給量の達成は難しくなります。

(2) 地方公共財とは

　さて，上記のように公共財を捉えて，次は地方公共財とは何かも考えていきましょう。地方公共財は地方政府（都道府県，市区町村）が供給する財で，その地域の効用のみ上げる財となります。つまり，特定の地域の人のみに限定し，非競合性を持った財ということになります。ただし，これも第 1 章で述べたように，かなり曖昧になります。例えば，ある市の清掃事業が隣接都市の住民の効用を変化させるような，便益がスピルオーバー（漏出）しないことを前提にしています。

(3) 準公共財（競合性がない）の供給量，課金と効率性

　以下では，排除性があっても，競合性がない財である準公共財について検討していきます。このような公共財の最適な供給量はどう考えれば良いのでしょうか。競合財と非競合財を比較して考えていきましょう。

　図 7.2 の上図は競合財の市場を表しています。競合財では，A さんと B さんは同じ財を同時に消費できませんので，例えば，価格が Pr であれば，A さんは X_A を需要し，B さんは X_B を需要するため，市場では $X_T = X_A + X_B$ を需要することになります。このように市場の需要曲線は市場参加者の需要曲線を水平に足しあわせたものになります。そして，供給曲線である限界費用曲線との交点 E_1 で均衡し，このとき社会的総余剰は最大になります。

　次に，非競合財を考えてみます。ここで，非競合財の場合，限界費用が一定である方が適していると思われますが，競合財との違いを明らかにするために，限界費用が上昇するとしています。例えば，空いている道路で道路延長が長くなると限界的な管理費が上昇するような市場を考えればこれにあてはまります。

　図 7.2 の下図は，空いている道路のような非競合財 z の市場を考えています。ここで，z 財の量 X_u に対して，A さんが C_A の支払い意思額を持っているとしま

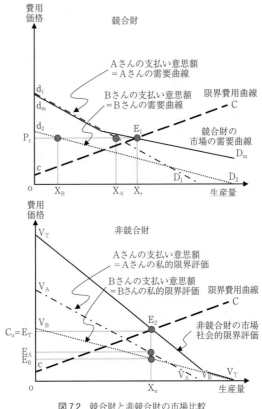

図7.2　競合財と非競合財の市場比較

す。これを A さんの私的限界評価といいます。A さんの限界評価曲線を $v_A V_A$,
B さんの限界評価曲線を $v_B V_B$ とします。z 財の生産量 X_u に対して，A さんは
E_A の，B さんは E_B の評価をしていているとすると，2 人ともこの財を消費でき
るので，この z 財の社会的限界評価は $E_T = E_A + E_B$ となります。このように市場
の社会的限界評価は市場参加者の私的限界評価曲線を垂直に足し上げた $v_T V_T$
になります。ここで，z 財の限界費用曲線（cC）との交点 E_2 で社会的総余剰は
最大になります[3]。E_2 では限界費用が Cu となっているので，この限界費用 Cu
を誰が負担するかが問題になります。ここで問題になるのが，フリーライダー

(3) これを理論的にはサムエルソン条件といいます。詳しくは巻末の「お薦めの本・論文」内，公共
経済学の参考書をみてください。

問題です。競合財だと各個人に同じ額を課金すれば資源配分が最適になりますが、非競合財の資源配分を最適にするには**図 7.2** の下図のように、各利用者の私的限界評価に応じて課金する必要があります。このような課金ができるとしても、各利用者が正直に自分の限界評価を表明するのかという問題があります。もし、うそをついて私的限界評価を小さく表明しても、公共財なのでこの z 財を消費できます。これがフリーライダー問題です。また、現実にはこのような課金は非常に難しく、税金で費用を賄い、無料で供給した方が良いということになります。ところが、この最適供給量の供給もかなり難しく、理論的にはリンダール・メカニズムなどがあります[4]。

② 都市インフラと規模の経済，集積の経済

　都市インフラの整備で難しいのは、都市インフラの多くは設置にかかる固定費用が大きく規模の経済や集積の経済が大きいということです。まず、簡単に規模の経済や集積の経済などを説明します。

(1) 規模の経済と集積の経済，範囲の経済

　規模の経済は一般的には、単一の生産物の生産量が増大すると平均費用が減少することをいいます。これは、ある生産量の範囲で起きるもので、生産量を大きくなると規模の不経済が起きて平均費用が増加すると考えられています。また、固定費用が大きく、限界費用が一定の場合にも規模の経済は起きます。多くの都市インフラは設備投資に多くの固定費用がかかりますから規模の経済が起きますし、上記の公共財は競合性が小さいため限界費用が少ない場合が多いのでこの点からも規模の経済が起きやすくなります。

　次に、集積の経済を考えます。集積の経済は外部性の一種ですが、都市インフラにとっては非常に重要なので後ほどやや詳細に説明します。例えば、下水道などは住宅が集中していた方が平均費用は低下します。なお、本章では企業の集積の経済は扱いません。

(4) これらに関しても巻末の「お薦めの本・論文」内、公共経済学の教科書、特に土居（2018）を参考にしてください。

　範囲の経済は，複数の生産物を生産するときに平均費用が減少するというものです。例えば，共同溝で上下水道，電気，光ファイバーを通せば各サービスの平均費用は減少するでしょう。近年，電柱の地中化が話題になっていますが，日本ではなかなか普及が進んでいません。範囲の経済でも固定費用が大きく大都市では平均費用を低下させる効果は発揮されると考えられます。[5]

　ネットワーク外部性も都市では重要になってきます。スマホなどで利用者数が増えると，その他の利用者の効用が増加するといった効果ですが，交通ネットワークによって利用していない人の利便性も上がるというものです。これらも都市部に多くみられるはずです。

　規模の経済がある場合の問題点は，自然独占などがありますが，これらは③で述べるとして，ここでは行政サービスの規模の経済と集積の経済についてみていきましょう。

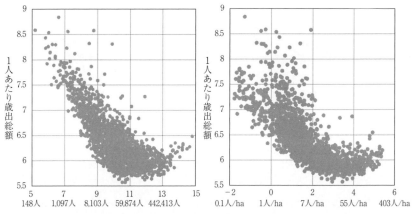

図7.3　市町村の1人あたり歳出総額（対数）と人口規模，人口密度（対数）
注：避難地域で人口が記載されていない町村は除いています。
（出所）総務省（2021）『令和2年度市町村別決算状況調』，総務省（2021）『令和2年10月住民基本台業に基づく人口』

　図7.3は縦軸に1人あたりの歳出総額，横軸は人口と人口密度をとったものです。これをみると，行政サービスの平均費用は人口が約60,000人程度まで低下し，その後上昇しているのが分かります（**図7.3左**）。また，人口密度でみると

---

(5)　電柱地中化の便益分析は河野他（2018）を参照。

約40人／haまで低下し，その後上昇しています。これは規模の経済と集積の経済を分離できていませんが，ある程度最適規模あるようにみえます。

地方分権の進展によって都道府県から市町村に権限移譲が行われていますが，図7.4で分かるように，公共財，行政サービスによって規模の経済や集積の経済が異なっているので，権限移譲をどの公共財，行政サービスで行うかは非常に難しい問題です。また，第1章で述べたように，平成の大合併によって1985年に3,253あった市町村は2014年には1,718まで減少し，大半の市町村は広域になったため，規模の経済は大きくなっていますが，集積の経済は逆に後退している可能性もあります。

集積の経済があると，人や企業が効率的な集積になるのは困難になります。図7.5のように，B社がA社の近隣に引っ越せば，生産性が向上し，互いに5億円の利益があるとします。すると，この転居による利益は，社会全体で10億円です。ここで，転居費用が8億円だとします。すると，社会全体では10億円−8億円=2億円の純利益が発生し，社会全体で見ると，この転居は望ましいと考えられます。ところが，B社単独で考えると5億円−8億円=−3億円の損失になるので，B社は転居しません。このように，集積の経済が存在する場合は，集積が最適規模になりません。両社で負担すれば良いと思われますが，どのように負担するかを交渉する費用があり，また，実際は多くの企業があるので最適な集積になりません。

(6) 2007年に地方分権改革推進委員会が発足し，地方分権に関する議論がなされ，2010年には委員会が解散されましたが，2013年に地方分権改革推進本部が発足し，議論を続けています。権限委譲に関しては第9章を参照してください。
(7) コースの定理では，権利さえ決めておけば市場は最適になるとしていますが，交渉費用がないことを前提にしています。コースの定理に関しては金本・藤原（2016）など参照。

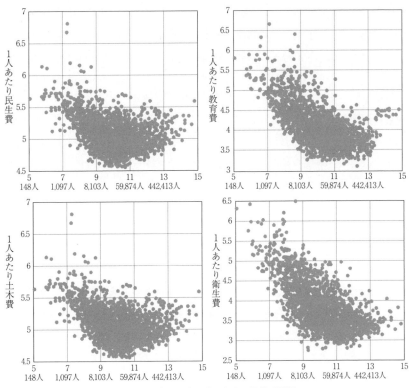

図 7.4　市町村の目的別費目と人口規模（対数）

注：避難地域で人口が記載されていない町村は除いています。

（出所）総務省（2021）『令和 2 年度市町村別決算状況調』，総務省（2021）『令和 2 年 10 月住民基本台業に基づく人口』

転居費用　8 億円

転居利益　A 社 5 億円　B 社 5 億円　計 10 億円

図 7.5　集積の経済の最適化の困難性

③ 規模の経済が大きなインフラ（電力・交通など）[8]

　電力やガス，鉄道，といった固定費用が非常に大きなインフラは上記とやや異なった考え方が必要になります。特に，これらの市場にはすでに多くの私企業が参入していますし，市場規模も地域によってかなり異なっています。

　今，図7.6のように固定費用が大きく，規模の経済が発揮されている（限界費用より平均費用が大きい）生産量で均衡がある場合を考えます。最も社会的総余剰が大きく，最適資源配分が達成されるのは限界費用と需要曲線が交わる n で均衡価格が p_1 で，均衡数量が X_1 で，その際の社会的総余剰は dnlifma で囲まれた面積となります。このように限界費用で課金することを限界費用課金といいます。このとき，消費者余剰は dnp_1 となっていますが，生産者余剰は限界費用でみると $-aflnp_1$，平均費用でみると $-bmnp_1$（$-aflnp_1$ と同じになります）のマイナスとなります。これは企業が赤字になるということです。

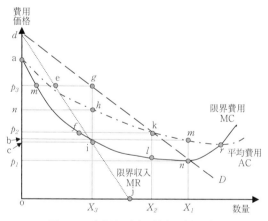

図7.6　固定費用が大きい場合の市場分析

　ここで，政府が市場に介入しない場合は，この市場は自然独占となり，限界収入と限界費用が等しくなる X_3 を生産することになります。すると，限界費用課金の場合と比較すると社会的総余剰は gnli だけ減少し，これが自然独占市場

---

(8) このような検討は経済学では産業組織論の分野です。詳しくは巻末のお薦めの本を参考にしてください。

の死荷重です。このように，市場に任せると資源配分の最適化が達成されないので，政府が価格規制などで介入しています。ところが，実際は総括原価方式⁽⁹⁾として平均費用が課金されることが多いようです。平均費用課金の場合の余剰分析はみなさんにお任せしますが，knlの死加重が生じます。平均費用課金だと死加重が生じますが図7.6から分かるように，価格が高く，利用者数が最適水準より少なくなっています。よく，地方の高速道路や大都市圏などでも地下鉄などで料金が高く利用者が少なくなっているのはこの総括原価方式の影響でしょう。

　ここで，当該地域で需要が拡大したらどうなるかを考えてください。需要曲線が限界費用曲線とrより右で交わっているとします。参入規制がないと新規参入があり，最適になりますが，参入規制があると最適にはなりません。東京圏のように人口が多く需要曲線がrより右にある地域と，地方圏のようにrより左にある地域では同じ政策と採ってはいけないということが分かります。

　また，参入規制や総括原価方式などで規制をしていると，X非効率性など様々な弊害があることを産業組織論の教科書で学んでください。なお，インフラの老朽化に関しては第8章で扱います。

④ 医療サービス，保育・教育サービス，介護サービス

　医療サービス，保育・教育サービスや介護サービスは，本来私的財です。ただし，医療サービスは医学部の参入規制によって地域別の医者の偏在があるといわれています。また，保育・教育サービスや介護サービスも外部性や規模の経済を持ったり，何らかの理由で女性の労働市場が歪んでいるなら公的な介入が必要になります。

　上記のように，これらのサービスは純粋公共財でも準公共財でもありませんが，医療サービスには参入規制があり，保育・教育サービスや介護サービスは地方自治体によって公的規制があり，公的補助も多く受けています。そのため，サービス水準がその地域の魅力となり，地域の労働市場に影響を与えたり，足による投票が起きる可能性もあります。

---

(9) 供給原価に適正利潤を上乗せして料金を決める方式で，電気料金，ガス料金，水道料金などに適用されているといわれていますが，詳細は巻末の産業組織論の参考文献をみてください。

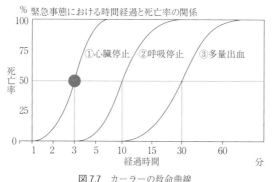

図 7.7　カーラーの救命曲線

注：あまり厳密なものではなく大まかな目安です。

（出所）東京消防庁資料

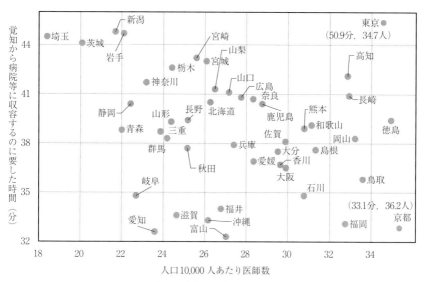

図 7.8　救急搬送時間と医師数

（出所）消防庁（2021）『令和 2 年版救急・救助の現況』，厚生労働省（2021）『令和 2 年医師・歯科医師・薬剤師調査』

(1) 医療サービス

　医師数や，病院数に地域差があり，その要因も医療経済学では，様々な実証研究で分析されています。[10]ここでは，やや希少な分析を紹介します。[11]図 7.8 は救急搬送時間（覚知から病院等に収容するのに要した時間）と人口 10,000 人あたりの医

師数の関係をみたものです。東京都は交通渋滞等もあり救急搬送時間が長くなっていますが，その他の地域では明らかに人口あたり医師数が少ない都道府県では救急搬送時間が長くなっています。

図 7.7 はカーラーの救命曲線といわれ，心臓停止，呼吸停止，大量出血の経過時間と死亡率の目安をグラフ化したものです。厳密な関係ではないので，近年では使われないようですが，経過時間と死亡率に密接に関係するとなると，図7.8 のように都道府県で救急搬送時に大きな偏差があり，それが医師数によるものだとすると，問題ではないでしょうか。

このように，医療サービスも地域の魅力を形成するものですが，東京特別区で中学生までの医療費を無料にしていることなどは話題になりますが，上記のような救急搬送時間の違いなどは話題になりません。このような情報もできる限り提供し，情報の非対称性を少なくして，足による投票を促す必要があります。

(2) 保育サービス

次に，保育サービスについてみていきましょう。近年，待機児童問題で注目されていますが，これも図 7.9 で分かるように，地域的に大きな偏差がみられます。北海道と中部地方では待機児童はほとんどいませんが，その他の地域はかなり多くみられます。また，意外と地方圏でも多くみられ，都心部だけの問題ではないことも分かります。

前述のように保育サービスは私的財で，公的介入は不要ですが，女性の労働市場に歪みが生じていれば公的介入が必要になります。図 7.10 は 1985 年度から 2020 年度までの地域別・年齢階層別女性就業率をみたものです。従来から問題となっているのは，女性の就業率が 25 歳以上 40 歳未満で低下するいわゆるM 字カーブと呼ばれるものです。確かに，図で 1985 年度の大都市圏ではかなり低くなっていますが，全国的にも 2000 年度以降急速に M 字が解消されていま

---

(10) 医療経済学は大学の講義では少ないと思いますが，重要な研究対象です。巻末の参考資料を参考にしてみてください。
(11) 以下は，井上（2006）を参考に，学部生でも理解できる程度に説明しています。医師数以外の要因を加えた分析に興味がある人は井上（2006）を読んでください。

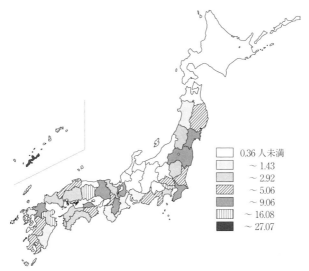

図 7.9　都道府県別待機児童数（0〜4 歳児 1,000 人あたり）

凡例：
- 0.36 人未満
- 〜 1.43
- 〜 2.92
- 〜 5.06
- 〜 9.06
- 〜 16.08
- 〜 27.07

注：2017 年 10 月 1 日の待機児童数を 2017 年 10 月 1 日の 0〜4 歳人口で除して 1,000 人あたりの待機
　　児童数を出した。この統計はその後も更新されていますが，定義の変化や COVID-19 の影響で待
　　機児童数が極端に減少しているため，ここでは 2017 年のデータを載せています。
（出所）厚生労働省（2017）『平成 29 年 10 月時点の保育園等の待機児童数の状況について』，総務省
　　　　『人口推計』

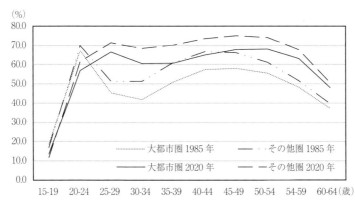

図 7.10　地域別・年齢階層別女性就業率の変遷

凡例：大都市圏 1985 年　その他圏 1985 年　大都市圏 2020 年　その他圏 2020 年

注：大都市圏は茨城県，栃木県，埼玉県，千葉県，東京都，神奈川県，山梨県，長野県，滋賀県，京
　　都府，大阪府，兵庫県，奈良県，和歌山県，岐阜県，静岡県，愛知県，三重県
（出所）総務省『国勢調査』

す。保育サービスの充実で女性就業率が高まることも分かっています。今後，必ず起きる生産人口の減少は，女性と高齢者の就業率の上昇によって就業者を補完できるので，M字カーブの解消は非常に重要な課題です。

　この保育サービスは足による投票を引き起こし，ピグーのパラドクスも起きる可能性もあります。保育サービスを必要とする時期は各世帯で確定されていて，自治体に直接設置を要請しても保育所が完成する頃に必要としない可能性があります。また，保育サービスを必要とする世帯はまだ若く，借家に住んでいる可能性が高いため，移転コストも低く，足による投票を助長します。そのため，保育サービスの供給（保育所，幼稚園の設置）が多い地域に移動する足による投票が行われる可能性が強くなります。すると，保育サービスの供給に積極的な地域に必要な世帯が転居し，待機児童が減らないというピグーのパラドックスが起こる可能性がでてきます。

　この待機児童問題はいわゆる「1歳の壁」，「3歳の壁」ですが，女性の離職に関しては，「小一の壁」があります。「小一の壁」は子供が小学校へ入学したあと，放課後の子供の安全な居場所の確保が難しくなるために，離職することをいいます。[12]図7.11は末子の年齢別にみた離職者数ですが，出生後の離職，3歳児を持つ母親，小学校に進学した子供を持つ母親の離職が多いことが分かります。

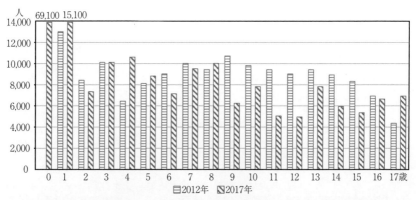

図7.11　末子の年齢別・1年以内に離職した就職希望のある妻のいる核家族世帯数
注：2012年調査には末子0歳児の統計がないため表示できない。
（出所）総務省『就業構造基本調査』

(3) 介護サービス

　次に，介護サービスをみていきましょう。現在でも介護離職が多くみられますが，高齢化社会の進展で今後は問題になってくると思います。

　介護サービスが保育サービスと異なっている点は，保育サービスは家計によって必要な時期は確定しますが，介護サービスは不確実性がともなうということです。何年介護サービスが必要になるかが分からない点で大きく異なってきます。このような不確実性がともなうことに対しては保険制度で対応することは理にかなっています。しかし，介護保険料が市区町村別に異なっており，毎年のように介護保険料が変わっているため，利用者はかえって不確実性を増すことになります。まず，市区町村別に介護保険料が異なり，保険料を払っていた市町村から給付を受けることになっているのは，一見足による投票を妨げようとしているようにみえますが，介護サービス自体の供給水準に地域別の格差があり，その結果，介護サービス受給期には移動するインセンティブが生じてしまいます。

　介護保険料をみてみましょう。まず，**表7.1** は 65 歳以上の第 1 号被保険者の介護保険料の推移をみたものですが，上昇率は非常に高いのが分かります。これは料金制度が積み立て方式になっておらず，介護保険に必要な費用を被保険者で負担する制度になっているためだと考えられます。[13]

表 7.1　介護保険料の推移

第 1 期	第 2 期	第 3 期	第 4 期	第 5 期	第 6 期	第 7 期	第 8 期
2000~02年	2003~05年	2006~08年	2009~11年	2012~14年	2015~17年	2018~20年	2021~23年
2,911 円	3,239 円	4,090 円	4,160 円	4,972 円	5,514 円	5,869 円	6,014 円

注：65 歳以上が支払う保険料率の全国平均（月額・加重平均）。なお，厚生労働省は 2025 年度には 8,165 円になる見込みと公表している（平成 27 年度）。
（出所）厚生労働省『介護保険事業状況報告』

　介護保険料と給付金は市町村で決定するため，地域的な差がかなりありますが，介護保険が地域公共サービスで地域によってサービス水準が異なって良いのかは検討の余地があります。実際には，市町村で介護保険料基準額（月額）が

---

(12) 待機児童対策ほど有名ではありませんが，「小 1 の壁」の問題を解決するために，政府は，学童保育についても「放課後子ども総合プラン」を推進しています。
(13) この点は，都市経済学の範囲を超えるので，岩本など（2014）を参照してください。

決定されるため，より格差は大きく，2017 年度で最も低い市町村は 3,700 円で，最も高い市町村は 5,800 円となっています。

　今後は，高齢化によって介護保険料の増加が予想され，地域別に差異をつけ，足による投票を起こすことが良いのかは早急に検討すべきです。

（4）NIMBY インフラ

　次に，やや上記のインフラなどとは異なっていますが，NIMBY（Not In My Back Yard：日本ではニンビーと読んでいます）施設に関して検討していきましょう。NIMBY とは近くにあると嫌なのに，ある程度の範囲内には効用を生み出し必要な施設をいいます。例えば，ゴミ処理施設は隣にあると臭い等の理由で不効用を生み出しますが，ゴミ処理施設は生活するには必ず必要なはずです。この点は，不効用という外部不経済しか生み出さないゴミ屋敷とは違います。近年は保育所や小学校まで嫌う人がいるようですが，これらも NIMBY 施設になってしまったようです。

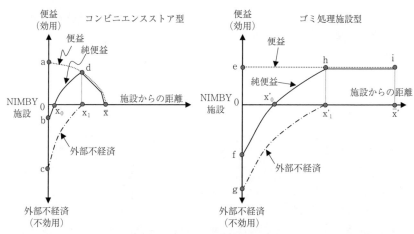

図 7.12　NIMBY 施設と便益・費用

　それでは，NIMBY 施設が，都市や地域の住民の効用にどのように影響しているかを図 7.12 でみていきましょう。上記のように，NIMBY 施設は近隣に対して，騒音や悪臭などの外部不経済（不効用）が生じています。通常の NIMBY 施設では施設から遠くなると外部不経済は小さくなり，ある程度の距離で 0（左

図では x_1, 右図では x'_1,）となります。コンビニエンスストアなどでは，それほど0になるまでの距離は長くありませんが，ゴミ処理施設などではやや長いと考えられます。次に，便益を考えましょう。ここで，NIMBY施設による便益は大きく分けると2つあります。1つは，上記のコンビニエンスストアや保育所など利用者と施設の距離に応じてサーチコストがかかる場合は，距離が遠くなりに従って便益が小さくなります（図7.12左図）。その結果，便益は adx のように距離に応じて下がっていきます。対して，ゴミ処理施設は，便益はゴミを排出する地域住民全員に及びますので，ehi のように利用者と施設の距離には関係ありません。その結果, 地域の純便益曲線（便益－外部不経済）はコンビニエンスストア型だと図7.12左図の bx_0dx になり，ゴミ処理施設型だと fx'_0hi （ゴミ処理サービスが $\bar{x}$ まで供給される）のようになります。

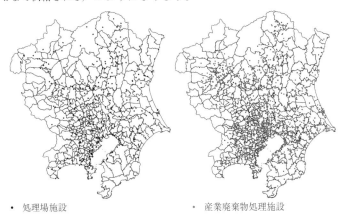

・処理場施設　　　　　　・産業廃棄物処理施設

図7.13　首都圏のNIMBY施設の立地

注：ArcGISで作成。
（出所）国土数値情報 2018 年 12 月 10 日時点データ

　このような，ある施設の純便益は，土地に資本化（Capitalize）[14] されるので地価に反映されます。純便益分だけ地代が上昇しますが，この純便益がプラスならこの施設は必要となります。ただし，補償を考える際には図7.12から分かるように，地代のマイナス分（純便益のマイナス分）と外部不経済が異なっていることに注意する必要があります。また，コンビニエンスストア型の NIMBY 施設

（14）キャピタライズド仮説に関しては「自主研究のために」あるいは金本・藤原（2016）参照。

では近隣にも全く便益がない人がいることも注意する必要があります。コンビニエンスストアを利用しない人は外部不経済しか感じませんし，学校や幼稚園，保育所なども利用者でなければ外部不経済しか感じません。

　上記のゴミ処理施設型の NIMBY 施設は，サービス供給地域内の人であればある程度便益が生じますが，このような施設では人口が密集していない地域に立地させ，外部不経済を下げようとします。すると，**図 7.13** のように市町村境に集中することになります。しかし，規模の経済を発揮させるためには，ある程度集約した方がよいのではないでしょうか。

❖実証トピックス 3　NIMBY インフラの外部不経済の実証分析

　ここでは，第 3 章で推定した市場付け値地代曲線を応用して，ゴミ処理施設
や産業廃棄物施設の外部不経済を分析してみましょう。この実証分析には「自
主研究のために」で簡単に解説したように，GIS を用いた実証分析には様々な
データが必要になります。ここでの実証では 3 つのデータを用いています。ま
ず，石川県境界データ（shp ファイル）を下記の e-stata の 2020 年国勢調査からダ
ウンロードします。次に，2022 年の石川県の公示地価データと 2012 年の廃棄物
処理施設データを国土数値情報ダウンロードサービスから入手します。

　次に，各々のデータを QGIS に読み込みます。廃棄物処理施設のデータには，
石川県の一般廃棄物処理施設と産業廃棄物処理施設のポイントデータが入って
いるので，そのシェープファイルを追加します。ここで，これらのデータに関
しては，公示地価と異なり座標参照系（CRS）が設定されていません。よって，
次のようにして CRS を設定します。施設のレイヤを右クリック→ プロパティ
→ レイヤプロパティ → ソース を選択し，右欄の 設定された CRS が「不正な投
影法」になっていることを確認します。国土数値情報の説明欄をみると，廃棄

図 7.14　座標参照系の設定

物処理施設データの CRS は地理座標系の日本測地系 2000（JGD 2000）です。し
たがって，この CRS,「EPSG：4612 - JGD2000」に設定します（図7.14）。

　次に，座標軸系を変換します。マップ自体の座標系は プロジェクト → プロパ
ティ から「JGD2011/Japan Plane Rectangular CS Ⅶ（参照系 ID：EPSG：6675）」
に変更します。これが，平面直角座標系第 7 系（JGD2011）です。レイヤの座標
系は，変換するレイヤを右クリックして エクスポート → 新規ファイルに地物
を保存 を選択し， 形式 は「ESRI Shapefile」， ファイル名 で変換後のファイル
の名前と保存場所を， CRS で「JGD2011/Japan Plane Rectangular CS Ⅶ」を
指定してください（図7.15）。

図7.15　QGIS のデータの読み込み

　公示地価や廃棄物処理施設は石川県のデータなので，そこから金沢市のデー
タのみを抽出します。まず，公示地価のデータの属性テーブルを開いて，上部
の 式による地物選択 ボタンをクリックします。 QGIS 式による選択 が開いた
ら，式の空欄に「"L01_023"='金沢'」と入力し地物を選択します。属性テーブル
で金沢市の公示地価だけが選択されたことを確認した後，レイヤパネルの石川
県の公示地価を右クリック→ エクスポート → 新規ファイルに選択地物を保存
を選択します。 形式 は「ESRI Shapefile」， ファイル名 で変換後のファイルの
名前と保存場所を， CRS で「JGD2011/Japan Plane Rectangular CS Ⅶ」を指
定してください（図7.16）。同じようにして一般廃棄物処理施設や産業廃棄物処
理施設についても金沢市のみのデータを作成します。ただし，産業廃棄物処理
施設のデータには施設の住所しか記載されていないため， QGIS 式による選択
の際に，「"P05_016"LIKE '%金沢市%'」と入力することで,「金沢市」という住

所を含むデータのみを選択します（図7.17）。また，産業廃棄物処理施設については，金沢市の中で住所が完全に同一の施設が存在します。これらの立地地点の重複は距離を測る際に不都合になるので，削除します。プロセシングツールボックスの ベクター一般 → 重複ジオメトリを削除 をクリックします。 入力レイヤ は金沢市の産業廃棄物処理施設のデータ， クリーニング済み出力レイヤ は削除した後のファイルの名前と保存場所を指定して実行します。これで産業廃棄物処理施設の重複はなくなります[15]（図7.18）。

図7.16　金沢市のデータの抽出（公示地価）

図7.17　金沢市のデータの抽出（産業廃棄物処理施設）

---

(15) QGISでは，データを加工していくと属性テーブルが文字化けすることがあります。たびたび属性テーブルを確認し，文字化けしている場合はそのレイヤを右クリック→ プロパティ を選択します。左欄の ソース を選択し 文字コード を「UTF-8」や「Shift_JIS」に設定して，文字化けが直っているか確認します。

図7.18　重複するデータの削除（産業廃棄物処理施設）

　次に，公示地価データの各地点から，最寄りの一般廃棄物処理施設や産業廃棄物処理施設までの距離を測定します。プロセシングツールボックス→ベクター一般→属性の最近傍結合を選択し，入力レイヤに地価のレイヤ，第2の入力レイヤに最寄りまでの直線距離を測る，一般廃棄物処理施設や産業廃棄物処理施設のレイヤを選択します。これで，各公示地価から直線距離で最も近い施設とそこまでの距離を測れます（図7.19）。

図7.19　QGISによる公示地価と位置情報の結合

　最後に，作成したレイヤをシェープファイルとしてエキスポートします。距離を測った地価のレイヤを右クリックしてエクスポート→新規ファイルに地物を保存を選択します。形式は「ESRI Shapefile」，ファイル名で変換後のファイルの名前と保存場所を，CRSで「JGD2011/Japan Plane Rectangular CS Ⅶ」を指定してください（図7.20）。

図 7.20　シェープファイルとしてエクスポート

　これで，ようやく実証分析のためのデータが揃いました。ここでは，第 3 章で推定した地代曲線を応用して NIMBY インフラ施設の外部不経済を推定しましょう。上記で作成したデータを用いて地代曲線を推定します。コマンドと推定結果は**表 7.2** です。

　推定の結果，施設からの距離（結果表(1)）では，産業廃棄物施設からの距離は有意な結果にならず，ゴミ処理施設からの距離は有意にプラスとなっています。これはゴミ処理施設から離れると地価が高くなることを示しています。また，施設から 1,500m 内にある地価への影響をみた結果表(2)はいずれも有意になりませんでした。ただし，この推定は注意する必要があります。まず，内生性の問題があり，低地価の地域にこれら施設を建設した可能性があります。また，産業廃棄処理物業者は市内に 60 カ所ありかなり集中しているため，各々の立地も関係している可能性があります。これらは計量経済学の教員に聞いてみてください。**図 7.21** は金沢市内の両施設の立地と公示地価のポイントを指名したものです。

表7.2　R による NIMBY インフラ施設の外部不経済の推定結果

```
# データの作成
library(tidyverse)
# シェープファイルの読込
library(sf)

# QGISで作成した金沢市の地価の読込
kanazawa_shi_lp<-
  read_sf("kanazawa_lp_dist_facilities.shp") %>%
  rename("price"="L01_006", "dist_station"="L01_049", "category"="L01_050", "FAR"="L01_057",
         "dist_general"="distance", "dist_industrial"="distance_2") %>%
  mutate(general_1500=ifelse(dist_general<=1500, 1, 0),
         industrial_1500=ifelse(dist_industrial<=1500, 1, 0),
         low_rise=ifelse(category=="1低専" | category=="2低専", 1, 0))

# 回帰分析の結果を表にまとめるため
library(modelsummary)

# 回帰分析
models <- list(
  "Model1" <- lm(price ~ dist_station + I(dist_station^2) + FAR + low_rise + dist_general + dist_industrial, data=kanazawa_shi_lp),
  "Model2" <- lm(price ~ dist_station + I(dist_station^2) + FAR + low_rise + general_1500 + industrial_1500, data=kanazawa_shi_lp)
)
# 分析結果表
modelsummary(models, fmt=2, stars=c("*"=.1, "**"=.05, "***"=.01),
             gof_map=c("nobs", "r.squared"), title="地価関数",
             coef_rename=c("(Intercept)"="切片",
                           "dist_station"="駅までの距離",
                           "I(dist_station^2)"="駅までの距離二乗",
                           "FAR"="容積率",
                           "low_rise"="低層住宅",
                           "dist_general"="一般廃棄物処理施設までの距離",
                           "dist_industrial"="産業廃棄物処理施設までの距離",
                           "general_1500"="一般廃棄物処理施設1.5kmダミー",
                           "industrial_1500"="産業廃棄物処理施設1.5kmダミー"))
```

地価関数

	Model 1	Model 2
切片	−95643.06*	−82367.62*
	(54431.21)	(48552.61)
駅までの距離	−9.85	−8.26
	(11.21)	(10.72)
駅までの距離二乗	0.0002	−0.00003
	(0.0009)	(0.0008)
容積率	976.73***	952.62***
	(95.59)	(96.45)
低層住宅	123842.69***	113998.31***
	(37206.47)	(36244.18)
一般廃棄物処理施設までの距離	4.99	
	(7.42)	
産業廃棄物処理施設までの距離	−7.78	
	(12.68)	
一般廃棄物処理施設 1.5kmダミー		−40448.39*
		(24276.41)
産業廃棄物処理施設 1.5kmダミー		4605.63
		(21275.98)
Num.Obs.	106	106
R2	0.642	0.649

*p<0.1, **p<0.05, ***p<0.01

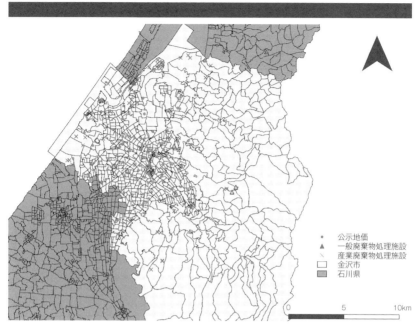

図 7.21　QGIS による公示地価と NIMBY インフラ施設のマップ結果

　上記はゴミ処理施設など NIMBY インフラの外部不経済を検討したものです
が，⑤でお話しした防災インフラがどのような効果を持っているかも GIS を用
いて分析することができますので，皆さんが住んでいる自治体のデータをもと
に検討してみてください。

⑤ 防災インフラ[16]

　近年，日本では地震や水害など災害が多く，防災インフラにも注目が集まってきました。これも都市や地域の重要な魅力になっていますし，それによって足による投票も起こっているといわれています。ここでは，地震や水害などに対する防災インフラを紹介します。

(1) 防災インフラ

　防災インフラとしては**図1.18**で取り上げたように様々な震災に関する情報提供[17]もありますが，以下ではそれ以外の防災インフラを扱います。
　防災に関する実証研究は，経済学の分野で盛んに行われています。特に，日本では**図7.22**のように阪神淡路大震災以降，大きな地震の発生回数は上昇傾向にあり，地震関連の実証研究が多く行われています。

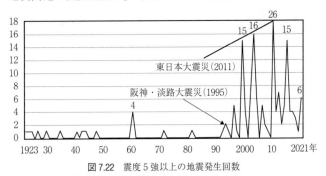

図7.22　震度5強以上の地震発生回数
（出所）国土交通省 気象庁「震度データベース」

　災害リスクに対する備えは大きく分けて，リスクコントロールとリスクファイナンスに分類できます。リスクコントロールは，物理的に被害を軽減するための備えであり，事前の防災施設の整備や建物の耐震改修などがあります。リスクファイナンスは，資金的な備えであり，代表的なものとして地震保険があります。しかし，これらの備えは十分でないことが度々指摘されています。

---

(16) 防災関連の公共投資に関しては図9.3を参照してください。
(17) 地震以外にも国交省のハザードマップポータルサイト https://disaportal.gsi.go.jp/があります。

　災害はいつどこで発生するか分からないため，あらゆる事前の備えが必要ですが，実際に災害が発生すると物資の不足や，防災インフラの不十分さが指摘されるなど，最適なリスクコントロールを行うことはとても難しいのです。特に，防災インフラとして投資を行う際には，費用対便益の観点が重要となりますが，どの程度の被害が予想され，被害額がどれくらいかを計算するのは非常に複雑な計算となります。例えば，数百年に 1 度の災害にどの程度の費用を負担できるか考えてみれば，その計算が非常に難しいことが分かると思います。あらゆるシミュレーションをし，被害総額を計算し，その割引現在価値を計算しなければなりません。災害を完全に予測できない以上，あらゆる地域で完全な防災をおこなうのは不可能で，防災インフラへの投資は過少になりがちです。

　また，地震保険への加入は，被災後の生活再建において非常に重要です。もし，被災により建物被害を受けた場合，地震保険の保険金を住宅再建に充てることもできるし，住宅ローンが残っていれば，ローンの返済に充てることもできます。しかし，地震保険未加入であれば，住宅再建のための資金を新たに調達しなければならなく，住宅ローンが残っていれば二重債務の問題も生じてしまいます。ここで，地震保険加入率を見てみると，巨大地震の発生とともに加入率は上昇傾向にありますが，2020 年度で 33.9% にとどまっており，特に北関東・甲信，中四国は 20% 台となっています（図 7.23 参照）。また，東海地震の予想のためか東海地方での加入率が上昇しています。このように，リスクファイナンスの観点においても十分な備えがあるとは言えません。

　このような地震保険加入率の低さは，事前事後の情報の非対称性問題の 1 つとも考えられます。例えば，2004 年 11 月に起きた中越地震の被害総額は約 3 兆円といわれ，そのうち住宅の被害総額は 7,000 億円となっています[18]。その際の地震保険支払額は 149 億ですが，義援金配分総額は 360 億円と地震保険支払額を上回っています。すると，事前の備えとして地震保険に入るインセンティブが低くなってしまう可能性があります。

---

(18) 国土交通省北陸地方整備局資料（平成 17 年 12 月）より

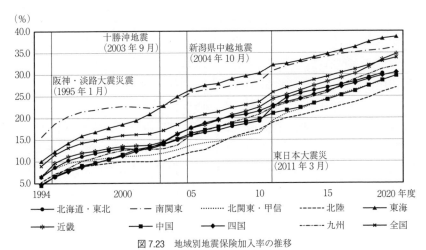

図 7.23　地域別地震保険加入率の推移

(出所)損害保険料率算出機構ウェブサイト「グラフで見る！地震保険統計速報　地震保険世帯加入率」
をもとに筆者作成

　災害を検討する経済学の実証では，不動産価格を通して，災害リスクの程度
を分析している研究が多くあります。もし，人々が普段から災害リスクを十分
に考慮し行動していれば，地震発生後においても，被災地や危険な地域の不動
産価格は変わらないはずですが，多くの研究では巨大地震発生後に危険な地域
の不動産価格は低下しています。つまり，被害にあって初めて「こんなに危険
な場所だったのか」と思うわけです。これも，情報の非対称性問題であり，最
適な資源配分は達成されません。さらに，その低下は数年で地震発生前の水準
まで戻るという傾向も観察されています。これは，単純に人々が災害リスクを
忘れてしまうという効果と，災害による被害により地域の再開発が進み，利便
性等が向上した効果をとらえていると考えられます。

(2)　燃えにくい街並み

　防災対策として採られている政府の介入策として，第 2 章4で扱った土地利
用規制があります。第 2 章ではマンションの外部性を取り扱いましたが，都市
利用規制には防災の目的もあります。火災は出火家屋に被害をもたらしますが，
近隣住宅への延焼という外部性を持っています。このように，各家屋の防災対
策は正の外部性を持っているので，最適な防災対策水準になりません。そのた

めに，国交省では 2012 年 10 月に「地震時等に著しく危険な密集市街地」とし
て表 7.3 の地域を抽出し⁽¹⁹⁾，2020 年度までに解消するよう様々な施策をとってい
ます。具体的には老朽建築物等の除去や建替えや道路など公共施設の整備など，
燃えやすい建物を燃えにくい建物に更新し，道路などのオープンスペースを増
やすことで延焼等の危険性を軽減しています⁽²⁰⁾。

表 7.3　地震時等に著しく危険な密集市街地

都府県	市区町村	面　積		
		2012 年 10 月	2015 年度末	2019 年度末
埼玉県	川口市	54	54	54
千葉県	浦安市	9	8	8
東京都	文京区，台東区，墨田区，品川区，目黒区，大田区，世田谷区，渋谷区，中野区，豊島区，北区，荒川区，足立区	1,683	1,036	267
神奈川県	横浜市，川崎市	690	57	27
愛知県	名古屋市，安城市	104	104	101
滋賀県	大津市	10	10	10
京都府	京都市，向日市	362	362	357
大阪府	大阪市，堺市，豊中市，守口市，門真市，寝屋川市，東大阪市	2,248	2,248	1,815
兵庫県	神戸市	225	199	199
和歌山県	橋本市，かつらぎ待ち	13	13	0
徳島県	鳴門市，美波町，牟岐町	30	30	26
香川県	丸亀市	3	3	3
愛媛県	宇和島市	4	0	0
高知県	高知市	22	22	18
長崎県	長崎市	262	262	95
大分県	大分県	26	26	0
沖縄県	嘉手納町	2	2	2
合計		5,745	4,435	2,982

（出所）国交省資料より

　ただし，地震時等に著しく危険な密集市街地として問題になっている木密地
域（木造住宅密集地域）では，歴史的な街並みに正の外部性がある地域もあり，密
集市街地解消方法も地域によって異なってくるため，地域性にあった対策が必
要になります⁽²¹⁾。

---

(19)「延焼危険性」，「避難困難性」いずれかの指標が所定の水準に達していない地区について，地方
公共団体が総合的な判断に基づき抽出した。
(20)　詳しくは宅間など（2014）を参照。
(21)　京都の対策については安田など（2020）を参照。

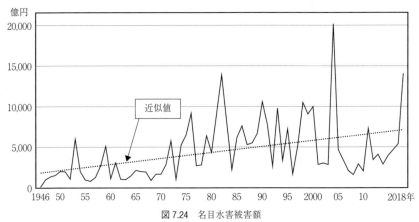

図 7.24　名目水害被害額

（出所）国土交通省「水害統計調査」

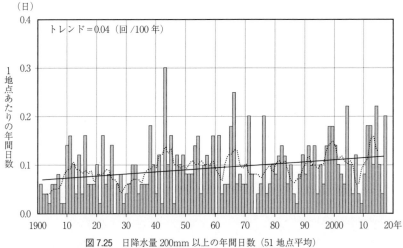

図 7.25　日降水量 200mm 以上の年間日数（51 地点平均）
（出所）気象庁「大雨や猛暑日など（極端現象）のこれまでの変化」

(3)　水害

　近年では，図 7.24 のように，地震だけでなく水害の被害が非常に大きくなっています。図 7.25 で雨量の推移をみてみると，大雨の日が，年々緩やかに増加しています。また，水害では，短時間の雨量も重要なポイントとなります。短時間でたくさんの雨が降ると，一気に地域の治水システムの容量を超えてしまい，水があふれかえってしまいます。近年では，図 7.26 のようにいわゆるゲリ

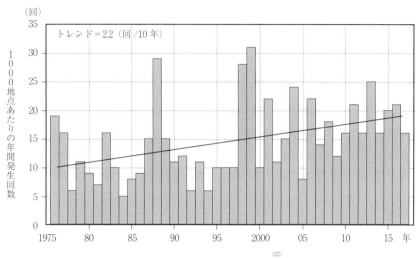

図 7.26　1 時間降水量 80mm 以上の年間発生回数（アメダス）[22]
（出所）気象庁「大雨や猛暑日など（極端現象）のこれまでの変化」

ラ豪雨が増加しており，全国各地で水害が多発しています。

　経済学における水害の研究は，米国を中心に進められています。米国では頻繁に巨大ハリケーンが発生し，その被害は甚大なものです。2005 年のハリケーン「カトリーナ」では約 1,610 億ドル，2017 年の「ハービー」では 1,250 億ドルもの被害が発生しており，その影響は経済及び地域人口に多大なる影響を及ぼします。これまでの研究から，住民は水害の危険性に敏感に反応し，より安全な地域に移動する傾向が見て取れ，実際に浸水した地域の不動産価格が低下することが明らかになっています。[23]

⑥　まとめ

1.　狭義の公共財はあまり多くありませんが，地域の住民の効用を変化させるインフラの供給を考えましょう。

（22）気象庁によると，1 時間雨量が 80mm 以上とは，水しぶきであたり一面が白っぽくなり，恐怖感を感じるほどの雨量
（23）直井など（2017）では，津波高の引き上げによる人口移動を分析しています。

2.　都市インフラは規模の経済，集積の経済，範囲の経済，ネットワーク経済が発揮されますので，最適な供給水準の達成には公的介入が必要になりますが，実際にはかなり難しい。

3.　医療サービス，保育・教育サービス，介護サービスや NIMBY インフラも都市インフラと考えられます。これらインフラも地域ごとの差異が大きく，足による投票が起きている可能性が高くなっています。

4.　近年問題になっている防災インフラも整っていない地域が多く，早急の対策が求められます。

[練習問題]

①　[2]（1）で述べたように，固定費があり，限界費用が一定の場合も規模の経済がありますが，これを，数式を用いて証明してください。

②　図 7.6 の平均費用課金の場合の余剰分析をやってみましょう。また，r より右で需要曲線が交わるときの参入規制がある場合の余剰分析もやりましょう。

③　NIMBY 施設の最適立地のためにはどのような政策があるかを考えてください。

[自主研究へのヒント]

①　近年問題になっている上水道に関して料金と規模を検討してみましょう。日本には 2018 年現在 6,580 事業者が存在していますが，人口減少などで水の使用量が減少し，経営難の事業所が多く，政府は事業統合を進める方針になっています。詳しいデータは総務省『地方公営企業年鑑』に掲載されています。

②　介護サービスに関して足による投票が起こっているかどうかは自主研究としては重要だと思います。e-stat で「介護保険事業状況報告」を調べると地域別の詳しいデータが得られます。これと住民移動のデータで実証分析をやってみましょう。

③　「地震時等に著しく危険な密集市街地」は国土数値情報のデータベース https://nlftp.mlit.go.jp/ksj/index.html からダウンロードできます。これらの地域と高齢者比率や建物の老朽化とどのような関係になっているかを身近な地域で検討してみましょう。

第8章

都市交通

　都市交通の分野でも「はじめに」に記したように、都市部と地方部では交通に関する問題になっている点が大きく異なっています。都市部では混雑現象が問題になっていますが、地方部では都市交通インフラの維持が問題になります。また、以下で述べるように、人口減少下では効率性を上げる交通政策が必要となり、その分析手法も重要になってきます。ただし、交通経済は経済学の1つの分野として成り立つぐらい広範な問題を取り扱っていますので、ここでは都市経済学に必要な最小限度の問題を扱います。交通経済学に興味を持った方は巻末参考資料やおすすめの本を参考にしてください。

1 都市部での交通混雑問題

(1) 都市集積のコストとしての通勤費用

　大都市圏で生活していると、通勤・通学による混雑疲労が大きなコストとなっています。表8.1 は各都市圏の通勤時間、通学時間をみたものですが、大都市圏と地方圏の通勤・通学時間の違いがよく分かると思います。東京圏と大阪圏では通勤時間が通学時間より長くなっていますが、中京圏、その他地域では通学時間のほうが長くなっています。これをみると、通勤時間が問題となるのは東京圏と一部の大阪圏だということが分かります。

　表8.1 から分かるように、大都市圏では通勤・通学時間が長くなっていますが、これはどうしてでしょうか。第3章や第4章の通勤圏や住宅立地の分析でも明らかになったように、通勤時間の時間費用を考慮しても、地元で働くより、通勤先で働いた方が、賃金が高くなるからです。そして、なぜ都心の方が高いのかは第6章で説明した集積の経済があるためです。このように考えると、通

179

表 8.1　都市圏別通勤・通学時間
　　　　（往復）

	通勤時間	通学時間
全　国	53.6	48.0
東京圏	86.8	65.3
大阪圏	59.0	58.8
中京圏	47.1	61.7
その他	40.1	55.6

注：通勤時間は各都道府県の中位
　　値，通学時間は 15〜19 歳の通
　　学時間の平均値を各地域の都
　　道府県の平均をとったもので，
　　人数で加重平均していない。
（出所）通勤時間は総務省統計局
　　　　（2018）『平成 30 年住宅・
　　　　土地統計調査』，通学時間
　　　　は総務省統計局（2016）
　　　　『平成 28 年社会生活基本
　　　　調査』[1]

勤費用は都市集積のコストと考えることができます。都市集積の便益としての生産性を上げる集積の経済であるのに対して，通勤費の増大など混雑費用が集積の費用となっています。

(2) 外部不経済の混雑費用

　交通混雑が外部費用[2]であることは，経済学を学ばないとよく分からないと思います。経済学者は混雑時には料金を高くするよういいますが，一般的には混雑している時にどうして料金を高くするのかということになります。まず，混雑費用の外部性について図 8.1 を用いて説明します。

　今，ある道路で混雑が発生していない時に平均時速が 40km/h で走行できるとします。図では N^0 までは混雑が発生せず運転手が負担する私的限界費用は pL のままです。ここで，1 台利用台数が増加すると，平均速度が 35km/h になるとします。すると，各運転手が負担する私的限界費用は時速が 5km/h 低下したために要した追加時間×時間費用（機会費用）が増えてしまいます。これが図の私的限界費用が右上がりになったことを示します。ところが，市場全体でみると，他の利用者の平均速度も低下させていますので，社会全体を分析する時はこの影響もみる必要があります。これが図に出ている外部限界費用です。これは，他の利用者の機会費用の増加分です。この外部不経済を含んで社会的な最適な交通量を考えると，私的限界費用と外部限界費用を加えた社会的限界費用と需要関数が交わる E^* で，最適交通量は N^* です。人々は自分の私的限界費用と需要関数が交わる E^m まで道路を利用するので，市場での交通量は N^m となります。

---

(1) 通勤時間は国勢調査の大規模調査で行われていましたが，近年は調査事項から削除され，土地・住宅基本調査か，社会生活基本調査によることになりました。また，最新の生活基本調査では通学時間が集計されていません。
(2) 外部性や外部費用に関しては第 2 章参照。

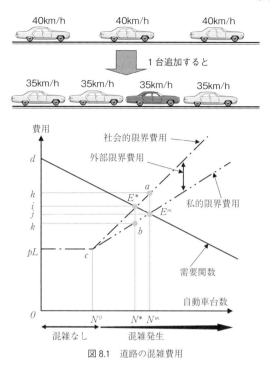

図8.1　道路の混雑費用

　この混雑費用は，環境経済からみても大きな問題になっています[3]。自動車は混雑以外にも様々な外部不経済をもたらしていますが，**表8.2**のように自動車の外部不経済の過半は混雑費用となっています。このうち，温暖化ガスや大気汚染，事故被害は技術的進歩で低下していますが，時間あたりの所得が上昇すると，機会費用の増加で，混雑費用は一層増加し続けます。

　鉄道に関しても，同じように分析できます。電車の場合は速度が低下しないので，費用に体力の低下や混雑時の不快に感じるコストを考慮します。例えば，混雑した電車に乗ると疲れ，不快に感じるのでそれを解消するために必要な費用を混雑費用と考えます。この費用が**図8.1**の外部限界費用となります。混雑している電車に，追加的に1人乗車してくると，その人の私的限界費用はそれま

---

[3] このような自動車や鉄道の外部費用の問題は環境経済学で詳しく検討されています。この点についても巻末の「お薦めの本・論文」を参考にしてください。特に，東京圏の通勤疲労コストを推定したものに山鹿・八田（2000），首都圏鉄道混雑の外部性を計測した山崎・浅田（1999）があります。

表8.2　ガソリン消費1リットルあたりの外部不経済（単位；円）

	温暖化ガス (CO2)	大気汚染 (PM, NOX)	混　雑	事故被害	合　計
普通車（6.6km/リットル）	19.3	9.9	46.2	16.5	91.9
小型車（9.9km/リットル）	19.3	9.9	69.3	24.8	123.3

（出所）金本・蓮池・藤原（2006）

で乗っていた乗客より混雑費用が高いので，図8.1の私的限界費用のように右上がりになりますし，それまでに乗っていた乗客の疲労や不快の費用が外部限界費用として私的限界費用に加えられて社会的限界費用となります。これは，新たに乗ってくる人が原因ではなく，全ての乗客が混雑による費用を発生して，互いにその費用を被っていることになります。図8.2は首都圏の主要鉄道の混雑等の推移をみたものです。図から分かるように，輸送力は1990年をピークにやや低下していますが，輸送人員はほぼ一定で，混雑率は若干低下傾向にあります。ただし，2017年においても主要31区間の平均混雑率は163%で，そのうち11路線が180%を超えています。ここで，都心従業者は増加しているのに混雑率が低下していることが分かります。これは所得が上昇すると，混雑の時間や苦痛に対する費用が大きくなり，フレックスタイムなど混雑を避けるような行動に出たと考えられます。このように，混雑に関する分析は，様々な要因で考える必要があります。

　なお，政府は「東京圏における今後の都市鉄道のあり方について」（2016年4月20日）で，ピーク時における主要31区間の平均混雑率を150%にするとともに，ピーク時における個別路線の混雑率を180%以下にすることを目指すとしています。

(3) 混雑に対する施策

　では，どのようにすれば，図8.1の社会的最適交通量（N*）を達成することができるでしょうか。これは第2章で扱った外部不経済の効率化と同じです。道路の利用者に上記の外部限界費用を負担させると，私的限界費用自体＝社会的限界費用になりますので，利用台数はN*になります。これはピグー課税といいます。また，このように混雑時に料金を上げる制度をピークロード・プライシ

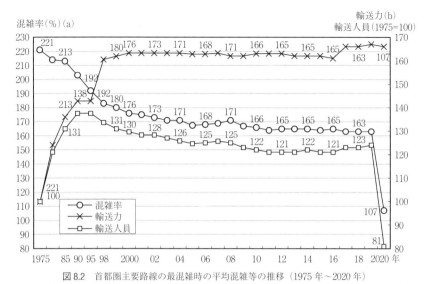

図 8.2　首都圏主要路線の最混雑時の平均混雑等の推移（1975 年〜2020 年）

注：輸送力，通過人員は 1975 年を 100 とした伸び。混雑率＝（通過人員）／（輸送力）（％）。主要 31
　　路線の最混雑区間の平均値。混雑率 150％ は肩が触れ合う程度で，新聞は楽に読めるレベル。180
　　％は体が触れ合うが，新聞は読めるレベル。200％ は体が触れ合い，相当な圧迫感があるが，週刊
　　誌なら何とか読めるレベル。

（出所）国土交通省「都市鉄道の混雑率調査」

ングといいます。[4]

　ピークロード・プライシングの導入は，技術的には ETC や車載器の普及に
よって可能になっていますが，実施に導入している国はロンドンやシンガポー
ルなどわずかです。[5]一番の課題は，導入への社会的合意だと考えられています。
ロンドンでも計画から実施まで 40 年かかっています。1 つは，混雑料金をどう
するかという点です。図 8.1 での iE*bk の混雑料金収入が生じますが，この混雑
料収入は道路事業者や鉄道事業者が負担したものではなく，利用者が負担した
ものです。それを道路事業者や鉄道事象者の収入にして良いのかというもので
す。もう少し，高度な経済学を使うと最適な混雑料金を課金し，その収入で道
路整備を行うと，最適な道路整備水準が達成されることが分かっています。こ
れはモーリングの定理といわれ，実際に東京都内の小田急電鉄で複々線化のた

────────────

（4）自動車や鉄道以外にも電力などにも適応できます。
（5）非常に面白いのでピークロード・プライシング導入に関して調べてみてください。

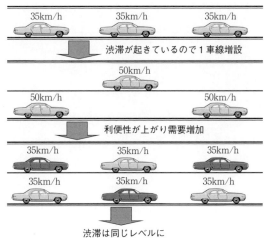

図 8.3　ピグーのパラドックス

めに，事前に料金を値上げしましたが，理論的にはモーリングの定理の応用となっています[6]。また，混雑料金を導入すると，低所得者が利用できなくなるという指摘もありますが，混雑時には料金は上がりますが，非混雑時には現状より安くなるはずです。なお，一部の私鉄で休日の回数券を安くしている例がありましたが，これはピークロード・プライシングの応用となっており，休日が安くなるというと抵抗感がなくなります。

　上記のように混雑料金収入を混雑対策に投資しても混雑がなくならない可能性もあります。図 8.3 で，当初渋滞が起きており，1 車線増設したとします。すると，道路容量の増加によって渋滞は解消されます。すると，この区間の利便性が上昇し，この区間の需要が増加します。そして，通過自動車数が増加し，渋滞は 1 車線増設前と同じ水準になってしまいます。これをピグーのパラドックスといい，需要曲線の価格弾力性が無限大（ここではどんどん利用者が増加するということです）なら成立してしまいます[7]。ただし，これでも整備の効果がなかっ

---

(6) 小田急の複々線化は 1989 年から工事を開始し，完成したのは 2017 年です。2018 年には混雑率が大幅に低下したようですが，ここでも，後述のピグーのパラドックスになっているかは数年後に検討する必要があるでしょう。

(7) 第 8 章で取り扱った待機児童問題もピグーのパラドックスになっているといえます。

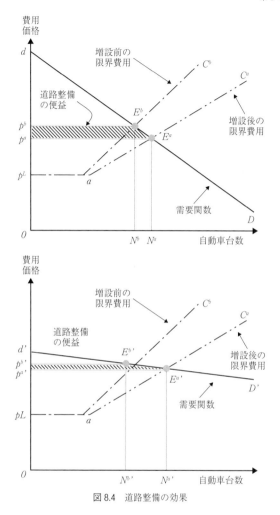

図 8.4　道路整備の効果

たかというとそうではありません。

　では，一般的に道路整備の効果をどのように考えるかを**図 8.4** 上で考えま
しょう。ただし，ここでは狭い区間の効果を考えています。今，車線増設前の
限界費用を pLaC^b，需要関数が dD だとします。すると，通過自動車台数が N^b，

---

(8)　ここでは，渋滞の社会的費用を考慮していません。考慮しても考えられますので，皆さんは外部
費用も入れて考えてみましょう。

費用が p^b となります。ここで，車線増設をすると，各通過自動車の速度は上昇しますので限界費用は下がって $pLaC^a$ となり，通過自動車台数が N^a，費用が p^a となります。この時，消費者余剰は $p^aE^bE^ap^a$ だけ増加していますので，これが道路整備の便益となります。道路を拡張するかどうかはこの道路整備の便益と費用を勘案し，便益の方が大きい場合は道路整備を行った方が良いということになります。

　では，先ほどのピグーのパラドックスはどう考えれば良いかを図8.4で考えていきましょう。

　前述のようにここでは，需要関数の価格弾力性が大きい需要曲線 d'D' を考えます。すると，図8.4下のように整備効果は $p^{a\prime}E^{b\prime}E^{a\prime}p^{a\prime}$ とかなり小さくなったようにみえます。特に，各利用車の消費者余剰は $p^{b\prime}p^{a\prime}$ しか増加しません。図8.4下で a より右側の限界費用が増加している分は通行速度の上昇による時間費用の減少ですから，$p^{b\prime}p^{a\prime}$ 渋滞緩和の効果です。この道路の渋滞はほとんど解消していません。[9]ところが，図でも分かるように利用者は $N^{b\prime}N^{a\prime}$ も増加しています。彼らの支払い意思額が高ければ道路の整備効果は大きくなります。ここでも整備コストと整備の便益を勘案して道路整備を行う必要があります。

　このピグーのパラドックスがどの程度起こるかに関して，良い例があります。2015年3月に中央環状線が全線開通し，開通後2年後には都心環状線の渋滞長が3.8km から2.8km へ26％減少しました。渋滞が少なくなると，その地域間の費用が下がり，需要が増えるかということですが，これは価格弾力性にかかっています。短期的には価格弾力性が小さいので，すぐには，需要は変わりませんが，長期的には価格弾力性が大きくなり，徐々に需要は変化します。ガソリンが高騰しても，すぐには公共交通へ需要は移らず，徐々に自動車交通が減ってきたのと同じです。

　ピークロード・プライシングも短期と長期で考える必要があります。短期的には，住宅立地や，事業所立地，物流システムを変えることができませんから，ピークロード・プライシングを行っても，すぐに混雑が解消されるわけではありません。ピークロード・プライシングによって各個人や企業のコストが上昇

---

(9) 前述のピグーのパラドックスは d'D' が水平の場合です。

表 8.3　鉄道事業者の営業損益

		北海道・東北・北陸信越	関　東	中　部	近　畿	中国・四国・九州	JR	総計
公営	営業損益	-343,728	26,413,816	12,187,778	2,742,209	3,522,626	−	83,526,150
	企業数	3(2)	2(0)	1(0)	2(0)	3(2)	−	11(4)
大手	営業損益	−	206,717,990	18,460,352	75,696,828	2,881,621	924,136,956	1,227,893,747
	企業数	−	9(0)	1(0)	6(0)	1(0)	7(3)	24(3)
中小	営業損益	-3,417,950	38,716,336	-1,526,304	44,235,547	-1,637,155	−	143,222,342
	企業数	35(24)	42(18)	31(22)	34(11)	33(27)	−	175(102)
総計	営業損益	-3,761,678	271,848,142	29,121,826	122,674,584	4,767,092	924,136,956	1,348,786,922
	企業数	38(26)	53(18)	33(22)	42(11)	37(29)	7(3)	210(109)

注：上段；千円，下段（　）内は赤字企業
（出所）国土交通省（2021）『鉄道統計年報　令和 2 年度版』

し，それが住宅立地や事業所立地，物流システムを変える誘因となり，長期的には弾力性が発揮されることになります。

② 交通機関の赤字問題

①では都市部で問題となっている交通混雑現象を扱いましたが，全国的にみると，交通機関に関しては交通機関の維持に関する問題が大きくなっています。特に，前述のように人口減少下では一層問題が深刻化すると思います。

まず，交通機関の収支をみてみましょう。[10]表 8.3 は鉄道事業者の営業収益をみたものです。

まず，鉄道事業者では，大手事業者は全国 17 業者が全て黒字になっていますが，中小事業者では半数が赤字です。特に，中部や中国・四国・九州地域では中小企業全体でも赤字になっています。

次に，図 8.5 はバス事業者の収支状況をみたものです。バス事業の収支の推移を地域別にみると，1990 年から 2000 年までは大都市圏もその他圏も収支が悪化していましたが，2002 年以降大都市圏だけ収支が急激に改善されました。これは，2002 年に改正道路運送法施行され，バス事業の規制緩和が行われた効果

(10)　会計制度上の収益で，経済学で考える赤字ではないことに注意する必要があり。また，これらは公会計ですから民間企業とも会計制度が異なっている。

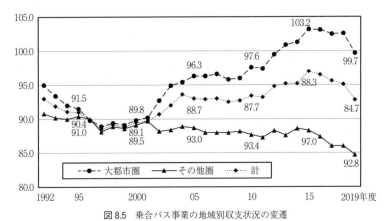

図8.5　乗合バス事業の地域別収支状況の変遷

（出所）国土交通省（2020）『令和元年度乗合バス事業の収支状況について』

だと考えられますが，地方圏には効果が及んでいないことになります。ところが，2015年度をピークに大都市圏も収支が悪化しています。ただし，収支が改善されたからといって社会的総余剰が増加しているかどうかは分かりません。この規制緩和ではバス事業で路線への退出の自由を認めていますから，赤字路線を廃止し，黒字路線だけ維持するというクリームスキミングが行われている可能性もあります。規制緩和前は，バス事業には様々な規制があり，路線の改廃も許可制でした。そのため，黒字路線だけではなく，赤字路線での運行も義務づけられていました。これらは産業組織論で検討する内容ですので，巻末の参考文献を参考にしてください。

③ 交通市場の余剰分析

②で鉄道やバスでは地方では赤字が問題になっていることが分かりました。企業の収益だけでは社会全体の余剰がどうなっているか分かりません。特に，鉄道や道路など初期投資費用が大きく，規模の経済が発揮される市場では社会的総余剰の検討はやや難しくなります。以下では，需要が大きい場合と，小さい場合で交通市場の余剰分析を検討していきます。

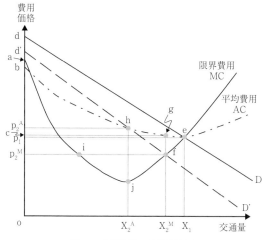

図8.6 鉄道路線の余剰分析(1)

注：本章で以下でも，平均費用と限界費用を図で描いていますが，総費用を設定して各々を描いているのではなく，余剰が分かりやすいように描いているため，傾き等が正確ではありませんので注意してください。

(1) 需要が大きい場合

では，交通サービスの価格づけや効率性を分析するために，交通市場の余剰分析を行ってみましょう。まず，図8.6 はある程度需要がある地域を設定しています。

需要曲線 Dd はかなり需要が多い地域を考えています。ここでは，需要曲線が限界費用＝平均費用と一致する e で交わっているとします[11]。このとき，限界費用課金でも平均費用課金でも同じ交通量 X_1 となり，価格は p_1 となります。ここで，限界費用課金とは消費者に対して限界費用を課すことをいい，平均費用課金は消費者に対して平均費用を課すことをいいます。鉄道は地域独占と考えられますので，課金制度は鉄道事業者が決めることができるとします[12]。需要曲線が Dd の場合は，限界費用曲線とも平均費用曲線とも e で交わっているので，どちらの価格設定でも価格は p_1，交通量は X_1 となります。このとき，消費者余剰は dep_1，生産者余剰は 0，社会的総余剰は dep_1 となります。このとき，生産者

余剰は0ですが，ここでの費用の中には，設備費や，賃金，役員報酬など正常利潤は含まれていることに注意してください。

　さて，この需要曲線がやや左にシフトしd'D'となったらどうなるでしょうか。限界費用課金では価格が p_2^M，交通量 X_2^M となります。この場合の消費者余剰はd'fp_2^Mとなります。ここで，生産者余剰はやや難しいのですが，まず，限界費用で考えると，収入が $p_2^M \triangle fX_2^MO$，費用がaijfX_2^MOなので生産者余剰はifj-aip$_2^M$となります。ここで，iより右は赤字となっていることに注意してください。さて，このifj-aip$_2^M$の符号はどうなっているのでしょう。限界費用曲線では分かりにくいので，平均費用曲線で考えてみましょう。交通量 X_2^M のときの平均費用はcとなりますので，総費用はcgX$_2^M$Oとなります。すると，生産者余剰は-cgfp$_2^M$となり赤字となります。このとき，社会的総余剰はd'fjiad'（平均費用課金と比較するため，限界費用で考えた社会的総余剰にしています）となっています。次に，平均費用課金の場合を考えます。平均費用課金の時はACとd'D'が交わる点hで均衡します。このときの消費者余剰はd'hp$_2^A$，生産者余剰は0（平均費用課金ですから余剰はありません），社会的総余剰はd'hp$_2^A$ですが，限界費用で考えるとd'hjad'となり，限界費用課金と比較するとhfjの死荷重が生じています。ここで，限界費用課金と平均費用課金の料金，交通量，消費者余剰，生産者余剰を比較してみましょう。まず，料金は限界費用課金より平均費用課金の方が高く，交通量は少なくなっていることが分かります。対して，消費者余剰は平均費用課金より限界費用課金の方が p_2^Ahfp$_2^M$ だけ多くなっていますが，生産者余剰は平均費用課金では0なのに，限界費用課金では-cgfp$_2^M$となり赤字になります。後述のように，総括原価は，経済学的には平均費用課金に近いため，複数企業が競争しているような東京以外では，このd'D'の平均費用課金のようになっていると考えられます。社会的総余剰を最大にするには（パレート最適），企業に限界費用で課金させ，発生した-cgfp$_2^M$の赤字を地方政府の補助金で賄う必要があります。

(2) 需要が少ない場合

　さて，この**図8.6**のd'D'より需要が少ない地域ではどのようなことが起きるでしょうか。**図8.7**の需要曲線d"D"はd'D'より需要が少ない地域の需要曲線で，ここでは平均費用で課金できなくなっています。平均費用曲線と需要曲線d"D"

が交わっていないからです。では，この場合は路線を廃止した方が良いのでしょうか。ここで，限界費用課金を行うと，d"D"と限界費用曲線が交わる m で均衡します。このとき，料金は p_3^M，交通量は X_3^M，消費者余剰は d"mp$_3^M$，生産者余剰は nmj-aknp$_3^M$，社会的総余剰は kmjnk-akd"となります。この社会的総余剰がプラスならこの路線は運行すべきで，その際の運賃は限界費用 p_3^M です。ここでは rlmp$_3^M$ の赤字が発生しますが，これは（1）の d'D'と同様に補助金で賄うのが最適になります。

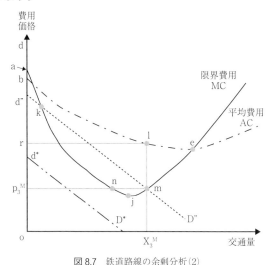

図 8.7　鉄道路線の余剰分析(2)

　このように，社会的総余剰がプラスであれば赤字であっても運行すべきです。では，もっと需要が少ない d*D*のような場合はどうでしょうか。練習問題を出しますが，この場合，どのように補助金を出しても社会的総余剰はプラスになりません。MC 曲線と需要曲線が交わらない場合は運行しない方が良いことが分かります。

　上記のように，鉄道や道路の存廃は社会的総余剰があるかどうかで検討すべきです。鉄道や道路を公共サービスとして，赤字でも供給すべきとする意見も聞かれますが，鉄道は第7章で述べたように私的財ですし，道路も自動車であれば技術的に課金が可能になってきますので，排除の原則が成立するようになり，政府が供給する必要もなくなります。

　今後検討が難しいのは，人口減少下での路線存続問題です。人口が減るということは徐々に鉄道や道路への需要は減少するはずです。図 8.8 は戦後の道路投資額の推移をみたものです。新規の建設的経費は 1980 年代から急速に拡大していますが，1995 年頃から急速に減少し，ピーク時の 1/3 程度になっています。対して，維持費的経費はあまり減少していません。その結果，総経費のうちの維持費の割合は 201 年度には 40.1％ になっています。今後は，一層建設的経費が減少し，過去に建設した道路の補修費が増加することが予想されます。

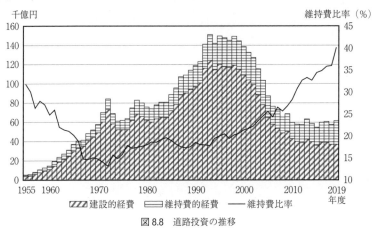

図 8.8　道路投資の推移

注：道路総合デフレータで実質化した。
（出所）国土交通省『道路統計年報』

④ 交通市場の規制・料金問題

　③で検討したように，鉄道や道路といった交通市場で社会的総余剰を最大にするには課金方法が重要だということが分かったと思います。日本ではある程度規制緩和が進んでいますが，鉄道やバスといった交通サービスを，いまだに政府が供給したり，価格やサービス水準に規制をかけています。
　ここでは，簡単に交通市場の料金設定を経済学的に検討していきます。

(1) 交通市場の規制・補助制度
　鉄道やバス，タクシーといった運輸・交通分野には様々な規制があります。

まず，需給調整規制といわれる量的規制で，もう１つはサービス水準の規制といわれる質的規制です。価格規制は後者にあたります。その他に，バスレーンを作ったり，不採算路線への補助をはじめとして様々な補助制度もあります。

　これらの規制は，1990年代以降は徐々に規制緩和が進んでいますが，いまだに鉄道料金に上限規制があるなど完全に自由化したわけではありません。運輸・交通分野の規制の根拠は経済学的には明確には分かりません。⁽¹³⁾市場の失敗が起こる可能性もありますが，それを規制して効率性を失う政府の失敗が起こる可能性もあります。前述のように，これらは公共財とはいえませんし，情報の非対称性や外部性があるとしても，必ずしも数量規制や価格規制を行う必要はありません。

　まず，料金規制から経済学的に考えていきましょう。日本では，2018年現在も運賃の上限の設定・変更は国土交通大臣の認可制となっています。そして，上限の認可は，能率的な経営の下における適正な原価に適正な利潤を加えたもの（＝総括原価）を超えないものであるかどうかで審査するとされていますので，上限価格は，総括原価方式ということになります。そして，その算定にはインセンティブ規制の１つのヤードスティック方式を用いています。この総括原価方式は会計上の問題で，経済学的にどのような価格になっているかは判断できません。ただし，赤字も黒字も発生させないということなので平均費用に近いと考えられます。図8.9は全国の地下鉄運賃をみたものです。

　東京メトロはかなり安くなっていますが，近年できた埼玉高速鉄道線，東葉高速線，りんかい線，アストラムラインは高くなっています。その他はほぼ同じレベルです。③で検討したように，限界費用で課金し，赤字は補助金で賄い最適化しているようにはみえません。平均費用で課金すると，最適な交通量より少なくなるので，せっかく利便性を向上させるために建設した交通機関の利用者が少なくなるという矛盾も生じます。

(2) 次善の策としての価格

　さて，平均費用課金（＝総括原価方式）では社会的総余剰が減りますし，限界

---

(13) 政府の介入に関する議論は八田（2008）を参考にしてください。

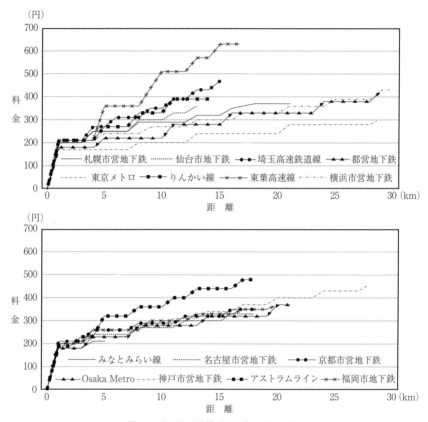

図8.9 地下鉄の運賃（2018年8月30日）

注：各社現金購入（ICではない）の運賃とした。

（出所）各地下鉄事業社のサイトより

費用課金では供給者に赤字が発生します。そこで，次善の策としての価格制度がラムゼイ価格といわれる課金制度です。これは，供給者が赤字を出さない（生産者余剰がゼロ）という制約のもとで，社会的総余剰を最大化する課金制度です。

　ラムゼイ価格自体はやや難しいので，その基本となる差別価格を簡単に説明します。

　今，図8.10のように価格弾力性が異なる2つの路線があるとします。ここで，簡単化のために限界費用は一定とします。この2路線とも地域独占市場となっていて，供給者が価格をつけることができるとします。すると，供給者はA

路線では価格を限界収入 MR_A と MC が交わる交通量 g となる P_A，B 路線では価格を同じように P_B とすると，生産者余剰が $P_A$bcd＋$P_B$ijk と最大になります。差別価格では，限界収入＝限界費用となるように課金しますが，ラムゼイ価格は生産者余剰を 0 とするという制約なので，限界費用から乖離します。そしてその乖離率が価格弾力性に反比例させるのがラムゼイ・ルールになります。

　ただし，このラムゼイ価格では A 路線のように価格弾力性の小さい路線では高い価格を，B 路線のような価格弾力性の大きい路線では低い価格を設定することになります。一般的に，価格弾力性が小さいということは代替路線が少ない必需路線ということになります。実際に，JR でも競合路線がある路線（品川－横浜など）では競合路線がない路線より距離あたりの運賃を安くしています。

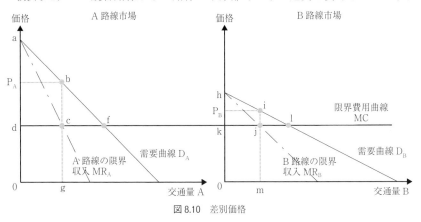

図 8.10　差別価格

　もう 1 つ，2 部料金制という価格制度も簡単に説明します。図 8.11 は，図 8.6 の需要曲線 d'D' だけ取り出したものです。前述のように，ここで限界費用課金をすると，cgfP_2^M の赤字が発生します。そこで，2 部料金制とは cgfP_2^M を固定料金として徴収し，限界費用課金をするというものです。交通料金で応用した例は少ないと思いますが，ガス料金や携帯料金，大学の学費などはこれの応用です。ただし，固定料金が高すぎると，低所得者の利用を妨げる可能性があります。

(3)　参入規制

　参入規制の根拠としては，規模の経済が大きい場合に，独占利潤を享受するため，競合企業を市場から排除しようと過当競争が起こるというものがありま

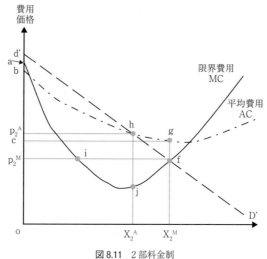

図8.11　2部料金制

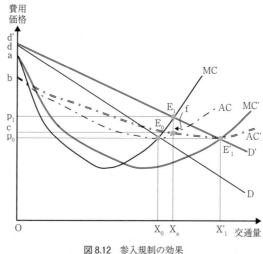

図8.12　参入規制の効果

　す。経済学的には，過当競争と一般的な競争がどのように違うか判断がつきません。日本では様々な分野で規制緩和が行われてきましたが，従来から競争下におかれている非規制市場の人には理解できないのではないでしょうか。

　ここでは，このような過当競争がないとして，参入規制がどのような効果があるか，みていきましょう。

　図 8.12 の需要曲線 dD, 限界費用曲線 MC, 平均費用曲線 AC は図 8.6 の需要
が多い場合の市場の状態を表しています。当初, MC＝AC となる E_0 で均衡して
いて 1 社独占で赤字もなかったとします。ここで, この市場で需要が増加し,
d'D'になったとします。ここで, 参入規制があると, この企業は限界費用課金だ
と, 価格が p_1, 交通量は X_1 となり, その時の平均費用は c ですから, p_1E_1fc
の利潤を得ることになります。参入規制がないと, 新規企業が参入してきて,
その企業も同じ費用構造を持つと仮定すると, 限界費用曲線は MC', 平均費用
曲線は AC'になります。すると, 従前のように均衡点は E'_1, 企業は赤字も黒字
もなくなります。ここで, 消費者余剰は $p_1E_1E'_1p_0$ 増加し, 生産者余剰は p_1E_1fc
分減りますが, 社会的総余剰は増加していることが分かります。このように,
需要が増加する場合だけではなく, 技術的進歩があり, MC が左にシフトしても
参入規制があると市場は最適にならなくなります。

　以上から, 参入規制があると需要や技術が変化すると死加重を発生すること
が分かります。それ以外にも, 参入規制を行うと, 企業努力を怠り, 非効率が
生じるといった X 非効率も起こる可能性があります。

⑤　まとめ

1. 都市交通では大都市圏では交通混雑が問題となり, 地方圏では事業者の赤
字が問題になっています。

2. 混雑費用は集積の経済のコストになりますが, 混雑は外部性を発揮し交通
量が最適水準を超えることになります。本来はピークロード・プライシン
グで最適化する必要がありますが, 導入はとても難しいです。

3. 固定費用が大きい交通機関では事業者の収益が問題になっています。本来
は, 限界費用で課金しそれで社会的総余剰が発生していればその交通サー
ビスを供給すべきです。

4. ところが, 日本では交通分野で様々な規制があり, 徐々に規制緩和が行わ
れていますが, いまだに価格規制, 参入規制が残っています。価格規制で
は総括原価方式で擬似的な平均費用課金となっており, 参入規制では企業
努力を怠る誘因になっている可能性があります。

練習問題

① 図8.1で本文の説明のようにピグー課税で混雑を最適化する方法もありますが，逆に補助金を与えて混雑を最適化する方法があります。どのように補助金を充てると混雑が最適になるかを考えましょう。

② 図8.7で，需要曲線が d*D* の場合に，消費者に補助金を与え交通量を発生させた場合の余剰分析を行ってください。

③ 図8.12で需要曲線が変化しない場合に，企業努力を怠り，MC，AC が上昇したとき余剰がどう変化するか考えてください。

自主研究へのヒント

① 混雑をどのように実証分析したら良いのか山鹿・八田（2000），山﨑・浅田（1999）などを参考に検討してください。

② 4（2）で地下鉄の料金をみましたが，皆さんの地域のバス料金，頻度等を経済学的に検討してみてください。クリームスキミングが起こっていませんか？

③ 第2章で住宅立地モデルを学びましたが，住宅立地モデルと本章の交通費の分析で，混雑や平均費用課金による郊外化への影響を検討してください。

第 9 章

地方公共投資と都市財政

第 8 章で学んだ都市や地域の魅力を発揮させるために，各自治体が公共投資
や公共サービスの供給を行っていますが，本章では，これらの供給がどのよう
に変化しているか，その財政的基盤がどのようになっているかをみていきま
しょう。

ただし，都市財政や公共投資を検討する分野も，第 8 章の交通経済学と同じ
く，地方財政学，公共経済学など多くの専門分野として成り立っています。こ
こでは都市経済学に必要な最小限度の問題として人々が移動する誘因となる事
象を扱っていきます。

1 地方公共投資

(1) 日本全体の公共投資

まず，日本全体の公共投資の推移をみていきます。第 1 章で述べたように，
日本では高齢化が進み，政府による社会保障費への支出が多くなり，年々公共
投資は減少しています。

図 9.1 は社会保障給付費の合計値（名目）と国内総支出（名目），公的固定資本
形成（名目）の推移をみたものです。社会保障給付費合計は 1970 年度以降，ほ
ぼ一定のペースで増えていますが，公的固定資本形成（以下，公的固定資本形成を
公共投資と記す）は 1980 年度から 85 年度まで一時的に低迷しました。その後バ
ブル期に増加し，1997 年度から再び減少し，2010 年度からやや増加しています
が，1996 年の半分程度のまま推移していることが分かります。社会保障が全て
税金で賄われているわけではありませんが，年金や医療，介護は国による強制
保険に加え，税金も投入されています。その結果，公共投資が抑制され，災害

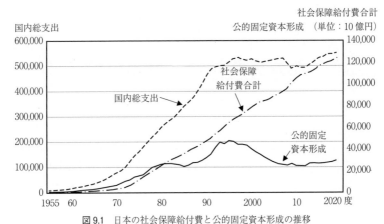

図 9.1　日本の社会保障給付費と公的固定資本形成の推移

注：2018 年度以降は予算額
（出所）国立社会保障・人口問題研究所『社会保障費用統計』

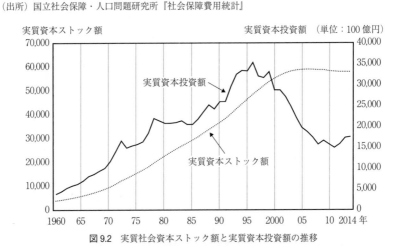

図 9.2　実質社会資本ストック額と実質資本投資額の推移

注：粗資本ストックから供用年数の経過に応じた効率性の低下（サービスを生み出す能力量の低下）
　　を控除した生産的資本ストック額（2011 年価格）
（出所）内閣府『社会資本ストック 2017』

等への備えができないとなれば大きな問題になりそうです。

　では，上記のような公共投資の削減で，実質社会資本ストック（以下，社会ストックと記す）と実質資本投資額（以下，公共投資額と記す）がどのように移っていたかを図 9.2 でみていきましょう。公共投資額自体は 1996 年度をピークに減少して，2010 年度には 1996 年度の半分以下になっています。それにともなって，

社会ストック額も徐々に増加率が逓減し，2007年度から減少し始めました。その後，2011年に東日本大震災が起こった後，公共投資額をやや増加し始めましたが，依然低水準のままです。

(2) インフラの老朽化と地方重点政策

図9.2のように社会ストックが減少している中で，その目的別の構成がどのように推移してきたかを図9.3でみてみましょう。社会ストック全体では減少していますが，交通部門の社会ストックは増加しています。対して，産業部門は徐々に構成比を下げていますし，教育部門の構成比も低下しており，産業と教育ストックの低迷が続けば，今後の経済生産性上昇に不安が生じます。また，近年問題になっている防災部門は横ばいになっています。

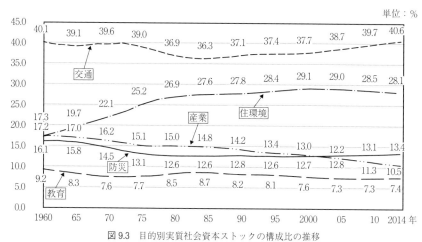

図9.3　目的別実質社会資本ストックの構成比の推移

注：部門別の①道路，②港湾，③航空を「交通」，⑤公共住宅，⑥下水道，⑦廃棄物，⑧水道，⑨都市公園，⑱庁舎を「住環境」，⑩学校施設，⑩社会教育を「教育」，⑪治水，⑫治山，⑬海岸を「防災」，⑭農業，⑭林業，⑭漁業，⑯国有林，⑰工業用水を「産業」として分類した（原典に部門が同じ数値の記載があるので注意）。

(出所) 内閣府『社会資本ストック2017』

次に，上記の社会ストックと公共投資額が地域別にどのように配分されているかをみていきましょう。第1章で述べたように，大都市圏への人口移動と全国の実質GDP伸び率とは相関がありそうです。生産性や人々の効用を考えると，大都市圏への人口移動と社会ストックの大都市圏割合にも関係がありそう

です。

　そこで，ここでは人口移動と社会ストックと公共投資額の大都市圏割合の関係をみてみます。図9.4はストックと投資の大都市圏比率と大都市圏への人口純流入を示した図です。人口移動との関係は投資の大都市圏比率の方が分かりやすいので以下では投資との関係をみていきます。[1]

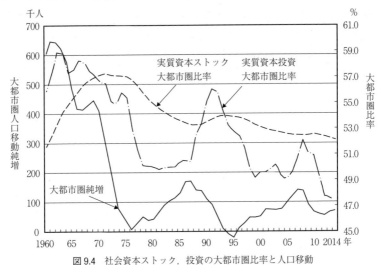

図9.4　社会資本ストック，投資の大都市圏比率と人口移動

注：大都市圏は茨城県，群馬県，栃木県，埼玉県，千葉県，東京都，神奈川県，山梨県，長野県，滋賀県，京都府，大阪府，兵庫県，奈良県，和歌山県，岐阜県，静岡県，愛知県，三重県
（出所）内閣府『社会資本ストック2017』総務省統計局『住民基本台帳人口移動報告』

　1960年代から70年代は，投資の配分は人口移動と連動しているようにみえます。この時期は，大都市圏に配分されていましたが，徐々に配分比率が低下し，70年代に入ると，大都市圏への人口移動が少なくなり，投資の大都市への配分も低下していきます。70年代後半から80年代前半にかけて，人口は再び大都市圏へ移動し始めますが，投資には変動がみられません。そして，大都市圏への人口移動が減ってきた，80年代の後半から再び大都市圏に重点的に投資が配分されます。この時期は，大都市圏への人口移動が増加したことに応じて投資が増加しているようにみえます。この時期までは人口移動に5年以上投資が

(1) 図ではストックの変動が小さいので大都市圏人口移動と関係が分かりにくくなっていますが，実証分析では両方で試みる必要があります。

遅れているようにもみえます。90年代後半から再び大都市圏に人口が移動します が，ここでは10年程度遅れて重点的投資が始まります。

　2000年頃までは，大都市圏への人口流入を抑制するために地方圏へ重点投資 したという見方がありました。また，人口の流出している地方圏に対して，非 効率な公共投資を行っていて，大都市圏のインフラ不足が顕著になったともい われていました。岩本（1990）や浅子ほか（1994）などで，公共事業の効率性が 1970年代以降低下したとされています。[2]

　ただし，2000年以降は前述のように公共投資全体が減少し，地方圏への重点 投資があったとしてもその効果は薄れている可能性もあります。近年は，林 （2009）や徳井編著（2018），三井・林（2000）などで2000年までの実証研究を より精緻な形での実証研究が行われていますが，いまだに，検討課題になってい るようです。

（3）大都市への公共投資のためのイベント戦略

　上記のような大都市圏の社会資本ストックの老朽化に対する対策としてイベ ント戦略があるといわれています。図9.5は1960年以降の実質社会資本ストッ クの東京都と大阪府の構成比の推移をみたものです。1964年の東京オリンピッ ク開催のために2年ほど前から急速に東京都内の構成比が上昇し，その後減少 していることが分かります。この時期は，東海道新幹線，東京モノレール，首 都高速道路など様々なインフラが整備され，大型ホテルもこの時期に多く開業 しました。大阪府でも1970年開催の大阪万博前に構成比が上昇しています。オ リンピック開催や万博開催というイベントを利用する，いわゆるイベント戦略 は国民全体の同意も得やすいのでしょう。この時期に投資された両地域のイン フラが前述のように老朽化しており，補修を含めた再投資が必要になっていま す。

　東京圏のインフラは2021年の東京オリンピック，大阪圏のインフラは2025 年に開催が予定されている大阪万博のイベント戦略である程度回復すると期待 できます。[3]しかし，このようなイベント戦略によるインフラの整備補修がよい

---

(2) この点は岩本（2005）を読まれることをお薦めします。

のかは検討すべきでしょう。

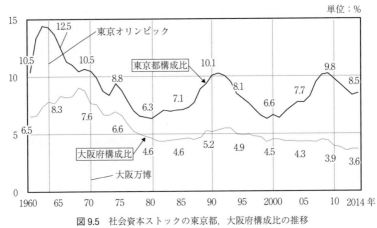

図 9.5 社会資本ストックの東京都，大阪府構成比の推移

（出所）内閣府『社会資本ストック 2017』

② 日本の都市財政

　日本では，三割自治といわれるように，地方自治が確立していないといわれています。**図 9.6** は国の歳出と地方の歳入をみたものです。2015 年には，国は自らの歳出のおよそ 33% を地方自治体に支出し，地方自治体は歳入のうち同じく 32% を国からの補助金(4)に依存しています。後述のように，2004 年度から 2006 年度にかけて行われた三位一体改革で税源移譲を行ったのですが，2005 年度には若干変わったものの，2010 年度には 2000 年度とほとんど同じになっています。次節（1）で述べているように 2020 年度は新型コロナ感染拡大防止のために国庫交付金が大幅に増加していますが，これが後述のように人口流動に影響を与えているかは今後の検討課題となると思います。

　以上が三割自治ともいわれる所以ですが，自治体が行う事務事業のうち固有事務が約三割しかないからともいわれています。また，令和 3 年 10 月 1 日時点

---

(3) 東京オリンピックは 1 年延期で 2021 年度に開催されましたが，イベント戦略の効果分析は必要です。
(4) 後述の政府間財政移転です。

図 9.6　国の歳出総額と地方の歳入総額

（出所）総務省『地方財政白書』

で国から都道府県への出向者は 1,724 人に上り，市町村への出向者も 593 人で[5]（平成 11 年度は前者が 1,177 人，後者が 413 人），これも三位一体改革前後で変化がないようにみえます。以下では，都市経済に関連する都市財政について簡単に説明します。

（1）地方交付税[6]と国庫支出金

図 9.6，図 9.7 で分かるように，地方自治体の歳入の約 3 割が地方交付税と国庫支出金です。

（5）内閣官房資料参照。
（6）財務省資料では地方交付税交付金，総務省資料では地方交付税と記されていますが，同じ税です。本書では地方交付税と記します。

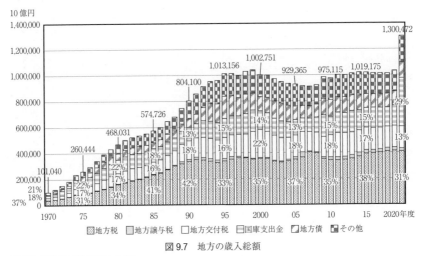

図9.7　地方の歳入総額

（出所）総務省『地方財政白書』

　このように，政府間（中央政府と地方政府）で資金を移転させることを政府間財
政移転といいます。中央政府が国税として国民から徴収し，地方政府に移転す
るのですからむしろ地方間財政移転に思えますが，ここでは中央政府と地方政
府での移転と考えていきましょう。日本の代表的な政府間財政移転は地方交付
税と国庫支出金という国から地方自治体への2つの補助金ですが，この2つの
補助金の違いは，使途が限定されているかどうかです。国庫支出金は，国と地
方自治体の経費負担区分に基づいて国が地方自治体に対して支出する負担金や
委託費などで使途が限定されています。従前は，このような使途を限定した補
助金が地方自治体の自治を制限して，効率性を阻害しているともいわれていま
した。その理由として，住民により近い地方自治体の方が，住民の公共サービ
ス需要についての情報を多く持っており，使途が限定されない財源の方が地方
の実情に沿って使用されているため望ましいというものです。そのため，前述
の2004年度から行われた三位一体改革によって義務教育費などで3兆円近い
税源が移譲されました。確かに2004年度から2008年度まで国庫支出金は減少
し，歳入に占める割合も10%程度まで落ちていますが，2009年度には経済対策
等によって再び増加し歳入に占める割合も15%程度になっています。三位一体
改革の是非は「お薦めの本・論文」の財政学の専門書を参考にしてください。

ただ，国庫支出金の占める割合は改革前に戻っているのは確かです。

　対して，地方交付税は，使途は限定されず，地方交付税必要額の総額とその財源の総額をバランスさせるように決定されます。2020年（令和2年）に起こったCOVID-19拡大防止対策として地方創生臨時交付金が用いられています。

　この地方交付税交付金額は，地方交付税基準財政需要額と基準財政収入額の差額として決定されます。ここで，基準財政需要額は，各地方自治体が必要とされる公共サービスを様々な基準を用いて算出していますが，この基準財源需要額自体に政府による裁量が働きます。そして，基準財政収入額は，各地方自治体が税収（地方税収）によって調達できる金額です。

　このように，地方交付税には，各地方自治体が供給する公共サービス支出額のうち，不足額を保障する機能（財源保障機能）があります。

　このような財源保障機能には以下のソフトな予算制約の問題が出てきます。

(2) ソフトな予算制約とフライペーパー効果

　上記のように，地方交付税には財源保障機能があります。これは政府が必要な税収を保障するというコミットメントによって，自治体が，補助されなければ実行されないような公共事業を行うというモラルハザードが発生する可能性があります。つまり，無駄な公共事業を拡大することによって，地方自治体の予算を拡大させることができるのです。こうした地方自治体の行動の結果，予定されていた予算よりも，公共事業を実行した後の支出が上回るようになります。これが地方財政に関するソフトな予算制約の問題です[7]。

　このような，ソフトな予算制約に加えて，政府間財政移転の問題としてフライペーパー効果[8]があります。これは，定額補助金は住民の合理的行動から得られる以上に地方の公共支出を拡大してしまうというもので，日本でも土居(1996)などで実証されています。定額補助金ですから国庫支出金がこれに該当します。国庫支出金は使途を決めた補助金で特定補助金といわれていますが，その補助の制度によって補助額が異なってきます。ただし，使途を特定した特

---

(7) ソフトな予算制約についての問題点は井堀（2010）を参考にしてください。その他参考資料に挙げた地方財政論の教科書にも出ています。
(8) フライペーパー効果は土居（2000）を参考にしてください。

定補助金は使途を決めない補助金の場合より住民の効用が大きくなることはありません。[9]

(3) 地方交付税，国庫支出金と人口移動

　都市経済学では人口移動の要因を分析することが重要になります。本節で扱っている政府間財政移転が人口移動に影響しているかをみていきましょう。

　図9.4で公共投資によって人口移動が起こっている可能性があるということをみましたが，同様に政府間財政移転である地方交付税と国庫支出金と人口移動の関係をみてみましょう。図9.8は地方交付税と国庫支出金を合わせた税収の全国に占める大都市圏の割合と，大都市圏の人口純増の推移をみたものです。大都市圏の人口が増えれば必要な国庫支出金や，地方交付税の基準財政需要額が増加しますので連動するはずですが，これら税金によって人口移動が起こっているのかという因果関係は精査する必要がありそうです。もしこの2税によって人口移動が起こるなら，前述の地方交付税のソフトな予算制約によるモラルハザードや，国庫支出金によるフライペーパー効果によって，都心への人口移動を阻害している可能性があります。

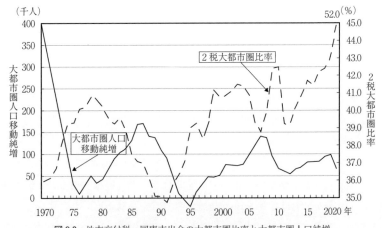

図9.8　地方交付税，国庫支出金の大都市圏比率と大都市圏人口純増
（出所）総務省統計局『住民基本台帳人口移動報告』総務省『地方財政白書』

---

(9) これは，住宅市場で特定使途への補助である家賃補助が所得補助を行った場合の効用より高くならないことと同じです。

Empirical Analysis

❖実証トピックス 4　地方交付税と国庫支出金が人口流入に与える実証分析

　地方交付税と国庫支出金が人口流入に影響を与えている可能性を，データをもとに簡単に実証分析してみましょう。まず，この分析は第 2 章，第 7 章で分析したデータと形態が異なります。図 9.9 はデータの形態の違いを示したものです。ある主体で同じデータ（ここでは地方交付税交付金）の推移をとったものがタイムシリーズ（時系列）データです。次に，同じ時点で異なった主体のデータをとったものがクロスセクションデータです。第 2 章，第 7 章で行った分析はクロスセクションデータです。ここで実証するために必要なデータはパネルデータと呼ばれていて，各経済主体の時系列のデータを複数のデータ（ここでは人口流入と他の経済データ）を用いて分析します。このように，都市経済学ではタイムシリーズ，クロスセクション，パネルなど様々なデータを用い，公開データ自体も非常に豊富なので，計量経済の実証例としては適しています。パネルデータ分析では固定効果モデルと変量効果モデルがありますが，ここでは固定効果モデルを用いています。[10]

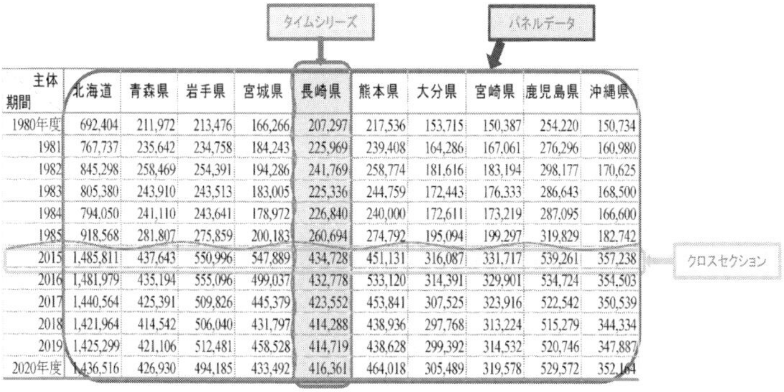

主体\期間	北海道	青森県	岩手県	宮城県	長崎県	熊本県	大分県	宮崎県	鹿児島県	沖縄県
1980年度	692,404	211,972	213,476	166,266	207,297	217,536	153,715	150,387	254,220	150,734
1981	767,737	235,642	234,758	184,243	225,969	239,408	164,286	167,061	276,296	160,980
1982	845,298	258,469	254,391	194,286	241,769	258,774	181,616	183,194	298,177	170,625
1983	805,380	243,910	243,513	183,005	225,336	244,759	172,443	176,333	286,643	168,500
1984	794,050	241,110	243,641	178,972	226,840	240,000	172,611	173,219	287,095	166,600
1985	918,568	281,807	275,859	200,183	260,694	274,792	195,094	199,297	319,829	182,742
2015	1,485,811	437,643	550,996	547,889	434,728	451,131	316,087	331,717	539,261	357,238
2016	1,481,979	435,194	555,096	499,037	432,778	533,120	334,391	329,901	534,724	354,503
2017	1,440,564	425,391	509,826	445,379	423,552	453,841	307,525	323,916	522,542	350,539
2018	1,421,964	414,542	506,040	431,797	414,288	438,936	297,768	313,224	515,279	344,334
2019	1,425,299	421,106	512,481	458,528	414,719	438,628	299,392	314,532	520,746	347,887
2020年度	1,436,516	426,930	494,185	433,492	416,361	464,018	305,489	319,578	529,572	352,164

タイムシリーズ　　パネルデータ　　クロスセクション

図 9.9　データの種類

（10）これもより詳しく知りたい人は巻末の「お薦めの本・論文」で紹介する計量経済学の教科書で調べてください。

まず，この分析で必要なデータをe-Statの「都道府県・市区町村のすがた」から集めてみました。ここから[都道府県データ]→[データ表示]→[都道府県データ]で全国値を外し[確定]データ種別から必要データを選択してダウンロードしてください。すると図9.10のようなファイルを得ることができます。

	A	B	C	D	E	F	G	H	I	J	K	L	M	N	O	P	Q	R
1	表題：	都道府県・市区町村のすがた（社会・人口統計体系）																
2	公開日：#######																	
3																		
4	***	調査又は集計していないもの																
5	-	データが得られないもの																
6	X	数値が秘匿されているもの																
7																		
8					/項目 コ	A2301		A5103		A5104		C120110		C120120		D310103		D310108
9	調査年 コ	調査年	地域 コ	地域	項目	A2301_住	注釈	A5103_転	注釈	A5104_転	注釈	C120110_	注釈	C120120_	注釈	D310103_	注釈	D310108_注釈
10	2.02E+09	2020年度	1000	北海道		5228732		51845		53161		7.04E+09		2342374		***		***
11	2.02E+09	2020年度	2000	青森県		1260067		16967		21573		1.44E+09		533945		***		***
12	2.02E+09	2020年度	3000	岩手県		1221205		16313		20264		1.51E+09		545043		***		***
13	2.02E+09	2020年度	4000	宮城県		2282106		46030		46271		3.3E+09		1055685		***		***
14	2.02E+09	2020年度	5000	秋田県		971604		10972		13780		1.11E+09		414479		***		***
15	2.02E+09	2020年度	6000	山形県		1070017		12545		15634		1.35E+09		488347		***		***
16	2.02E+09	2020年度	7000	福島県		1862777		24769		31450		2.48E+09		844403		***		***
17	2.02E+09	2020年度	8000	茨城県		2907678		53079		55823		4.29E+09		1350627		***		***
18	2.02E+09	2020年度	9000	栃木県		1955402		35512		37374		2.88E+09		919785		***		***
19	2.02E+09	2020年度	10000	群馬県		1958185		33369		33692		2.81E+09		906456		***		***
20	2.02E+09	2020年度	11000	埼玉県		7393849		186289		162018		1.24E+10		3596541		***		***
21	2.02E+09	2020年度	12000	千葉県		6322897		159632		145359		1.1E+10		3073022		***		***
22	2.02E+09	2020年度	13000	東京都		13843525		432930		401805		3.34E+10		7303138		***		***
23	2.02E+09	2020年度	14000	神奈川県		9220245		232772		203198		1.79E+10		4632768		***		***
24	2.02E+09	2020年度	15000	新潟県		2213353		22186		27957		2.91E+09		1031243		***		***
25	2.02E+09	2020年度	16000	富山県		1047713		12686		14581		1.55E+09		522312		***		***
26	2.02E+09	2020年度	17000	石川県		1132656		18596		20232		1.71E+09		549708		***		***
27	2.02E+09	2020年度	18000	福井県		774596		10586		12056		1.15E+09		378913		***		***
28	2.02E+09	2020年度	19000	山梨県		821094		14109		15558		1.16E+09		380219		***		***
29	2.02E+09	2020年度	20000	長野県		2072219		29222		31045		2.88E+09		961776		***		***
30	2.02E+09	2020年度	21000	岐阜県		2016868		29148		34951		2.97E+09		948651		***		***
31	2.02E+09	2020年度	22000	静岡県		3686335		56313		60708		5.73E+09		1799188		***		***

図9.10　e-statからのデータダウンロード

なお, e-Statの「都道府県・市区町村のすがた」はデータ移管が完全ではなく, 2014年から2019年までしか収集できませんので，実証は元データから1985年以降のデータを補完して使っています。

パネルデータ分析をするときは，Rでデータの形式を変換する必要があります。図9.11が今回使ったコマンドです。

推定の結果は表9.1のように1期前の1人あたりの課税所得と地方交付税が有意となっています。これは課税所得と地方交付税が多い地域は純流入が多いということを意味しています。第9章の理論の裏付けとなっていますが，これも，地方交付税交付金の交付基準などを検討し精査する必要があります。

```
# パッケージのインストール
# install.packages("dplyr")
# install.packages("stargazer")

# パッケージの読み込み
library(Rcmdr)
library(dplyr)
library(stargazer)

# データの型を変換する変数のリスト
numeric_list <- c("A2301_住民基本台帳人口.総数..人.", "A5103_転入者数.人.", "A5104_転出者数.人.",
                  "C120110_課税対象所得.千円.", "C120120_納税義務者数.所得割..人.",
                  "D310103_地方交付税.都道府県財政..千円.", "D310108_国庫支出金.都道府県財政..千円.")

# データの読み込み
pref <- read.csv("使用ファイルパス//FEI_PREF_221002162010_v3.csv", skip=8) %>%
  select(-c("X.項目", "注釈", "注釈.1", "注釈.2", "注釈.3", "注釈.4", "注釈.5", "注釈.6")) %>%
  mutate_at(vars(all_of(numeric_list)), as.numeric) %>%  # 計算のため文字型を数値型に変換
  mutate(net_influx = A5103_転入者数.人. - A5104_転出者数.人.) %>%
  mutate(pertaxinc = C120110_課税対象所得.千円./C120120_納税義務者数.所得割..人.) %>%
  mutate(perlocal = D310103_地方交付税.都道府県財政..千円./A2301_住民基本台帳人口.総数..人.) %>%
  mutate(pernational = D310108_国庫支出金.都道府県財政..千円./A2301_住民基本台帳人口.総数..人.) %>%
  rename(pop = A2301_住民基本台帳人口.総数..人.) %>%
  group_by(地域) %>%
  mutate(lag_perlocal = lag(perlocal, order_by = 調査年)) %>%   # 1期前の1人あたり地方交付税を作成
  mutate(lag_pernational = lag(pernational, order_by = 調査年))  # 1期前の1人あたり国庫支出金を作成
|

# OLS (全ての変数が欠損していない2020年〜2014年のデータのみで推定)
reg <- lm(net_influx ~ pop + pertaxinc + lag_perlocal + lag_pernational, data=pref)
stargazer(reg,
          type = "text", digits = 3,
          keep.stat = c("n", "adj.rsq", "f"),
          df = F, no.space = F, align = T,
          dep.var.labels = "純流入人口")
```

図 9.11　R によるパネル分析コマンド

表 9.1　地方交付税と国庫支出金が人口流入に与える実証分析

	純流入人口
人口	0.003***
	(0.000)
1 人あたり課税所得	21.886***
	(2.427)
1 人あたり地方交付税（1 期前）	94.960***
	(10.884)
1 人あたり国庫支出金（1 期前）	6.977
	(11.400)
定数項	-85386.770***
	(7614.070)
観測数	329
自由度修正済み R2	0.679

カッコ内は標準誤差
***p<0.01, **p<0.05, *p<0.1

③　日本の都市制度[11]

　②で日本の都市財政をみてきましたが，各自治体が公共サービスや公共投資を行うときは事務権限を決める都市制度も重要になってきます。後述のように，これは COVID-19 拡大防止対策でも浮き彫りにされています。

（1）大都市制度

　日本では地方分権の促進のために，広域自治体（道府県）から基礎自治体（市町村）へ事務権限を委譲する大都市制度があります。現在の大都市制度では，人口 50 万人以上を要件とする「指定都市」（いわゆる政令指定都市）と人口 20 万人以上を要件とする「中核市」があります。2015 年以前は，中核市は 30 万人以上を要件として，20 万人以上の地方公共団体を「特例市」に指定することができました。2015 年に特例市が廃止されたことにともない，中核市の人口要件が引き下げられ，特例市（旧特例市）のうち制度廃止時に中核市等に移行しなかった基礎自治体は経過措置として「施行時特例市」に移行し，特例市の事務を継続しました。また，改正法施行後 5 年間（2020 年 3 月 31 日まで）であれば法定人口 20 万人に満たなくても中核市に移行することができるとされていました。2020 年 1 月時点での指定数や主な業務指定は**表 9.2** の通りです。表注にも記したように，人口 50 万人以上の市が全て指定都市になっているわけでもありませんし，人口 20 万人以上の市が全て中核市になっているわけでもありません。中核市の場合は，人口要件を満たす市が市議会において指定申出の議決を経た後に，属する都道府県知事に同意を申し入れ，知事から都道府県議会に同意の議案を提出し議決を得られたら，国に申出をすることによって指定されることになっています。そのため，一般市の中核市への移行は，地方公共団体自らの申し出によっており，市は移行によるメリットとデメリットを勘案して中核市への移行を検討しているはずです。

---

(11)　本節は小谷（2021）を参考にしています。

表9.2　指定都市・中核市・施行時特例都市の主な業務指定[12]

	要　件	指定数	主な事務指定		
指定都市	人口50万以上の市のうちから政令で指定	20	**都市計画に関する業務** ・区域区分移管する都市計画決定 ・指定区間外の国道,県道の管理 ・指定区間の一級河川,二級河川の一部管理 **福祉に関する業務** ・児童相談所の設置 **教育に関する事務** ・県費負担教員の任免給与の決定	**都市計画に関する業務** ・屋外広告物の条例による設置制限 **環境保全に関する事務** ・一般廃棄物処理施設,産業廃棄物処理施設の設定の許可 ・ばい煙発生施設の設置の届出の受理 **福祉に関する事務** ・保育所の設置,認可・監督 ・特別養護老人ホームの設置の認可・監督 ・介護サービス事業の指定 **教育に関する事務** ・県費負担教職員の研究 **保健衛生に関する事務** ・保健所の設置 ・飲食店営業の許可 ・旅館業・公衆浴場の経営許可	**都市計画に関する業務** ・市街化区域又は市街化調整区域内の開発行為の許可 ・土地区画整理組合の設立の認可 **環境保全に関する事務** ・一般粉じん発生施設の設置の届出受理 ・汚水又は廃液を輩出する特定施設の設置の届け出の受理 **その他** ・計量法に基づく勧告,定期検査
中核市	人口20万以上の市の申出に基づき政令で指定	58			
施行時特例市	特例市制度の廃止(平成27年4月1日施行)の際,現に特例市である市	27			
特例市制度	人口20万以上の市の申出に基づき政令で指定				

注:2020年国勢調査によると人口50万人以上の市は28市(東京特別区含む),20万人以上50万人未満の市は82市ある。
(出所)総務省資料

　1945年(昭和22年)の地方自治法施行によって東京都の区は特別区となり,特別地方公共団体として位置づけられ,特別区には原則として市に関する規定が適用されました。その後,何度か自治法が改正され,その権限が変化してきています。最近では2000年(平成12年)の改正で,特別区は「基礎的な地方公共団体」として位置づけられ,一般廃棄物の収集・運搬・処分の事務などが都から移管されました。これにともなって,特別区財政調整交付金の原資である調整財源を法定化し,都からの税源移譲等が行われました。ただし,第8章で検討したように,公共サービスによって最適な規模(面積)になっているか再検討する必要があります。ゴミの焼却を各区で行う必要があるのでしょうか。

　表9.2の主な業務指定に掲載したように,中核市になると「保健衛生」「福祉」

---

(12)　なお,大阪都構想で議論になった特別区は大都市制度で決められた表9.2ではなく,東京都同様の特別区制度のことです。

で移譲される業務範囲が広がります。[13] 前述のように COVID-19 拡大防止対策で問題になったのは，指定都市，中核市の「保健衛生」に関する事務が移譲されているので，保健所はこれら指定都市，中核市が行っており，都道府県との調整がスムーズにいかないという点です。中核市の要件を満たしている市で今回の COVID-19 感染拡大防止対策として独自の保健所を持ちたいため中核市を申請すると発信した首長がいました。中核市になることが今後の「保健衛生」業務の効率化を生むのかは第 7 章で行ったように規模の経済や集積の経済を検討する必要がありそうです。

(2) 地方公共団体財政の現状

　（1）では，大都市制度の権限移譲に関してみてきましたが，ここではこれら都市制度間で財政の現状が違っているかをみていきましょう。図 9.12 は都市制度別に見た 1 人あたり歳出総額の平均の推移です。2000 年度までは指定都市は 1 人あたりの歳出額は多いものの，推移はどの都市制度でも同じ傾向でした。その後は，一般市では 2000 年以降もそれほど減少せず，2010 年以降は徐々に増加し，指定都市レベルになっています。対して，中核市と施行時特例市は一般市

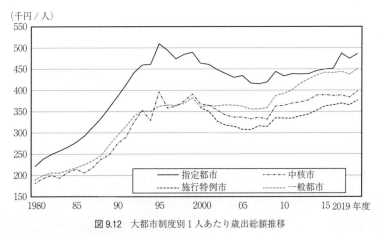

図 9.12　大都市制度別 1 人あたり歳出総額推移
（出所）総務省『地方財政状況調査』

---

(13) 北村（2013）によると指定都市で道府県の約 8 割，中核市で指定都市の約 7 割の事務権限が移譲されているといわれています。

ほどの上昇をみせていません。

(3) 大都市制度の検討課題

　大都市制度は，今後の人口減少下で，その権限移譲や都市財政のありかたを再考した方が良いかもしれません。

　原・星子他（2010）は当時の中核市35市に対してアンケート調査を行い，回答のあった27市における保健・福祉業務の変化を調べています。ほとんどの市が移行後も移譲された業務をこなしていますが，17市では保健所を新設，およびそれにともなう職員の増員をしていました。中核市移行のデメリットとして「仕事上の負担増」および「交付税カット」をあげています。市町村合併による財政効率への影響を見た林（2013）が，合併形態ごとの職員給与への影響を分析し，いずれの合併形態においても給与水準を引き上げる効果を確認している一方，規模の経済による歳出削減効果も，425市のうち315市において確認されています。ただし，歳出が増加したケースもあったということです。その他，牧田（2015）は徳島県内基礎自治体における市町村合併の人口1人あたり歳出額に与える影響を分析し，合併時期によって効果が異なると報告しています。地方公共団体の構造の変化による財政効率への影響は一様ではないことが伺えます。

　今後は，日本全体で人口減少が予想されており，財政的な制約もあるため，地方公共サービスの効率的な供給をより行いやすいような財政制度，大都市制度へ見直す必要があると思われます。その際には，地方公共サービスがどのような範囲で行われるのが住民にとって最適で効率的であるかをEBPM（Evidence-based Policy Making）[14]をもとに検討する必要があるでしょう。

４ まとめ

1. 日本では少子高齢化の進行から社会保障費の支出が増加し，公共投資が抑制され，インフラの老朽化が問題になっています。
2. 公共投資によって，人口移動が起こっている可能性もあり，東京圏，大阪

---

(14) EBPMにかんしては本書「自主研究のために」を参考にしてください。

圏など大都市の公共投資のためにイベント戦略が行われるなど対策も採られています。

3. 日本では，三割自治といわれるように，地方の収入の3割は国からの補助金（政府間財政移転）によって賄われています。この補助金の多くを占めているのが国庫支出金と地方交付税ですが，国庫支出金にはフライペーパー効果，地方交付税にはソフトな予算制約によるモラルハザードの問題があります。

4. 日本では，都市制度で基礎自治体への事務権限移譲が行われています。この事務権限移譲が地方財政制度とともにより効率的な地方公共サービスの供給に適しているか再検討する必要があります。

練習問題

① 地方交付税，国庫支出金が人口移動にどのように影響するかを，図を用いて検討しましょう。下図のように縦軸に効用，横軸に人口をとった図で説明しましょう。

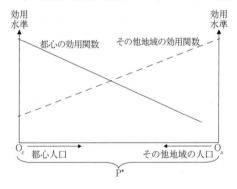

② 特定補助金の定額補助金，定率補助金，制限付き低率補助金で予算制約線がどのように違うかを図で示してください。

③ 指定都市，中核市がある都道府県で，都道府県とこれら市の財政，職員数等を比較してみましょう。

自主研究へのヒント

① 介護保険制度でどのような権限移譲が行われていて，それによって人口移動が起

こっているかを検討してみましょう。

② 第1章で指定都市，中核市の人口推移をみましたが，これらの指定と人口増加に関係があるかを実証してみましょう。

③ 練習問題③の応用として，これら都道府県内での人口移動を検討してみましょう。

自主研究のために[1]

　本書の特徴として，各章に自主研究へのヒントを多く載せたことがあります。これは，大学の卒論やインターゼミなどの研究会，また，研究レベルを上げると修士課程の研究にも用いることができる研究の題材を上げています。これらの題材を研究するためにはある程度のデータ収集，加工能力と計量経済学の知識が必要になります。そこで，以下ではデータ収集，加工の方法と，計量経済学の学習に関して簡単にお話しします。なお，より詳しい解説やプログラム等は以下解説サイトに載せてあります。

https：//sites.google.com/view/yasada-web/urbaneconomics_text

1　データの収集，加工と GIS による可視化

　近年の PC やインターネット技術の進展によってデータ収集，加工が非常に簡単になってきました。特に，都市地域関連のデータベースの整備が進み，都市経済が計量経済学の応用に最も適した分野の1つになっています。本書で用いている図表もほとんどが政府のデータベースを用いています。

　計量分析を深める技術として GIS (Geographic Information System) があります。GIS は学生の研究だけではなく，社会人になって様々な業種で活用できます。また，情報を可視化することでプレゼンテーションにも有用です。しかし，経済学部で GIS の講座を開いているところは稀なようです。

　代表的な GIS のアプリケーションとしては ArcGIS があります。本書でもいくつかの作図で用いています。ArcGIS は個人が購入するソフトとしてはやや高いのですが，非常に有用です。ArcGIS に関するテキストとしては河端 (2022) が分かりやすいと思います。

　国土交通省も無料で GIS アプリケーションを配布していますが，オープンソ

---

(1) 本章に関しては計量経済学が専門の行武憲史日本大学経済学部教授，GIS 及び都市経済学が専門の安田昌平専任講師に負っています。

フトの無料ソフト QGIS も使いやすく便利ですし，機能も豊富で GUI（画面）が
とてもきれいです。なお，後述の統計ソフト R でもデータの可視化は可能です。

■ QGIS の導入法

　本書の第 7 章で QGIS を使っていますので，以下では簡単に QGIS の利用方
法を簡単に記します。前述のように QGIS の利用方法に関しては様々なサイト
に掲載されていますので詳細はそれらを参考にしてください。QGIS のインス
トールは，まず https://qgis.org/ja/site/forusers/download.html に入り各自の
PC に合わせてダウンロードしてください。QGIS はインストールすればすぐ使
えるというソフトではなく，様々なデータを QGIS に読み込む必要があります。
詳しくは第 7 章のトピックスをみてください。

■ データ収集

　近年は都市経済学や地域経済学で使うデータが容易に入手することができる
ようになっています。日本政府がまとめているデータのポータルサイト，政府
統計の総合窓口（e-Stat）も有用です（https://www.e-stat.go.jp/）。ここでは政府が
実施している統計調査の結果がすべてまとめられています。自分が参照したい
調査データを，ホームページ上で表示することももちろんできますが，このサ
イト内の「地図で見る統計」では GIS ソフトウエアを用いて自分のテーマに
あった地図を作製させたい人のために，国勢調査や経済センサスのデータに関
して GIS ソフトウエアで使用するファイル形式であるシェープファイルでの
ダウンロードが可能になっています。このシェープファイル形式であれば，ダ
ウンロードしてすぐに地図の描画ができます。

　国土交通省がまとめている「GIS ホームページ」のサイトでは，国土数値情報，
位置参照情報，国土調査のシェープファイルがたくさんまとめられています
（https://nlftp.mlit.go.jp/index.html）。このサイト内のデータもすべて無料でダウ
ンロード可能で，GIS ソフトウエアを用いてすぐに地図にできます。特に国土数
値情報のデータは，国土（水・土地），政策区域，地域，交通などのカテゴリに分
けられた，ポイントデータやラインデータ，ポリゴンデータが 100 種類以上ま
とめられています。この国土数値情報は非常に有用で，第 3 章で推定した市場
付け値地代関数の推定でも用いた公示地価データも掲載されていますが，これ
はシェープファイルなのでエクセルファイルではありません。第 3 章のトピッ

クスにやや詳しく記載しましたが，実証分析に際しては，シェープファイルを
そのまま R に取り込み推定する方法と，シェープファイルを，R でエクセル
ファイルに読み込んだ後に推定する方法があります。これは，どちらかが良い
というわけではなく，皆さんの好みだと思いますので第3章のトピックスで試
してみてください。

　最後に，経済産業省と内閣官房（まち・ひと・しごと創生本部事務局）が提供し
ている地域経済分析システム（RESUS：リーサス）を紹介します（https：//resas.
go.jp/#/13/13101）。このサイトは，自分が作成したいマップを選ぶことで，それ
に関する統計地図やデータベースをまとめてくれます。例えば，産業構造マッ
プを選ぶと，市町村別の様々な産業の特化係数の値を時系列で地図表示してく
れ，そのデータを Excel ファイルでダウンロードできるようにまとめてくれま
す。

　以前は，政府がまとめている調査データを GIS に表示するのはとても大変で
したが，今はこれらのサイトに掲載されている無料のデータを利用することで
簡単に地図作成ができるようになりました。また，GIS を用いない場合でも，時
系列分析をする場合に，過去の調査とマッチングさせる作業はとても大変でし
たが，そのような場合もこれらのサイトでデータベースを作成することで複数
年から構成される時系列データをダウンロードできます。地域経済や都市経済
に関係するデータを扱う場合は，これらのサイトを訪れてみてください。必ず
や役に立つデータが手に入ることでしょう。

2　計量分析

　計量経済学を開講してない大学はあまりないと思いますが，近年は行政府や
地方公共団体においても EBPM（Evidence-based Policy Making）の必要性が高
まっています。民間企業でも大量のデータをビックデータといったり，データ
分析を AI（Artificial Intelligence）といっているようですが，経済学部生あるいは
経済学を学ぶ人なら計量経済学をきちんと学ぶことが必要になります。計量経
済学の優れたテキストはたくさんありますので，章末に紹介しておきます。

---

(2) EBPM に関しては大橋編（2020）を参考にしてください。

最近は計量経済学でも座学より実際にデータを用いた実証分析をやっている大学も多いと思いますが，計量経済のアプリケーションも紹介しておきます。

　まず，簡単な計量分析なら Excel でも可能です。

■ Excel の計量分析

　Excel で計量分析を行うためには分析ツールというアドインを追加しておく必要があります。Excel の ファイル → オプション → アドイン から分析ツールを追加してください。分析ツールを追加するとメニューバーのデータのツールバーにデータ分析というアイコンが表示されます。これを用いて推定した例が第 1 章の実証トピックス 1（COVID-19 の感染率と人口密度の関係）です。

　Excel では簡単な計量分析は可能ですが，ある程度精緻な計量分析を行うためには専門的なアプリケーションが必要になります。計量分析のアプリケーションにも時代による流行があります。経済学の分野では近年は有料アプリケーションなら Stata が主流になっています。Stata に関しても優れたテキストが多く，これも章末に紹介しておきます。GIS と同じように計量アプリケーションも学生にとっては高額かもしれませんので，無料アプリケーションの R を紹介しておきます。R は正確には R 言語の統計解析パッケージです。世界中の R ユーザーが作成した統計解析パッケージが CRAN（Comprehensive R Archive Network）で公開されており，このパッケージをダウンロードして使うことができます。経済学だけではなく，医学，薬学など様々な研究者が使っており，後述する機械学習でも主流のパッケージソフトになっています。Stata も R もコマンドや HELP 検索で英語が必要なので，敬遠する学生も多くいますが，今はネットでも簡単に英訳できますので，苦手意識を持たないでください。

■ R の導入法

　第 3 章や第 7 章で R を使っていますので（この教科書を書いている時点では Version4.2.1 ですので，その画像を使っています），R の利用方法を簡単に記します。まず，https：//cran.r-project.org/に入り，Download R for Windows から Subdirectories の base を選択して R をインストールしてください。R でのコマンドの実行は，コマンドライン上，"R エディタ" などいくつかの方法があります。R を実行するために，R Studio や追加パッケージ R コマンダー（Rcmdr）を利用することを薦めします。追加的なパッケージツールは，コマンドライン上でイ

R Studio の起動

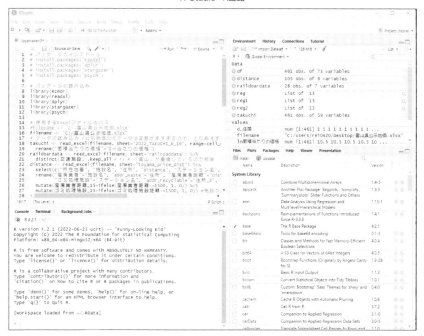

ンストールする必要があり，R のパッケージは関数や機能をまとめたもので，インストール時にパッケージ base など基本パッケージが入っていますが，世界中の研究者や教育者による追加パッケージが Web 上で無料で公開されています。R コマンダーは R　Console から パッケージ → パッケージのインストール → Japan（tokyo）を選択 → OK → Rcmdr を選択 → OK とし，R Console に「library (Rcmdr)」を入力すると Rcmdr が起動されます。[3] R Studio はパッケージではなく，https：//www.rstudio.com/ から RSTUDIO DESKTPO → DOWNLOAD RSTUDUO FOR WINDOWS でインストールできます。下図が RStudio で第 3 章の付け値地代の実証を行っている図です。これに第 3 章や第 7 章で記述したコマンドを入れて実際に実証分析してみましょう。

　その他にも，近年はデータ分析で機械学習（machine learning）の手法がかなり

---

(3) R コマンダーはパッケージ以外で改変 R コマンダーなどもオープンソースで開示されています。

活用されております。機械学習も経済学部の講座として開講しているところは
まだ少ないと思いますが，今後は必要になると思います。非常にラフに説明す
ると機械学習は主に予測を，計量経済学はストーリーの検証を得意とするので
少し目的が違うのですが，両者の距離は縮まっており，機械学習の手法を取り
入れた計量経済学的手法も次々に開発されています。今後は都市経済学の理論
と計量経済学を用いた統計分析からシミュレーションまで様々な分野に使われ
ていくと思います。機械学習で利用されている代表的な言語は，前述の R のほ
か，Python があります。Python は R と同じようにオープンソフトなので，計
量分析でも主流となってきています.Python を使った機械学習に関するテキス
トも章末に紹介しておきます。Python は機械学習のほか，インターネット上の
情報をスクレイピングすることでも活用できます。

　上述のように，機械学習の講座を持つ経済学部は少ないと思いますが，大学
で講座を持つより先に各自が独学で学び，社会に出た方が比較優位を持てると
思います。最近話題になっている ChatGPT で，R の推定も QGIS による作図も
Python によるスクレイピングもコマンドを書いてくれるようになりました。今
後は一層速い進化が予想されます。

3　資本化仮説とヘドニック分析[4]

　さて，上記のデータ収集，GIS，計量分析の技術を習得し，第 9 章までの経済
理論を理解すると，様々な実証分析が可能になります。その中で，都市経済学
で最も用いられているのがヘドニック分析（Hedonic analysis）でしょう。以下で
は，簡単にヘドニック分析とその基礎となる資本化仮説を説明します。

　非市場財を評価する間接的な手法のうち，最も一般的なものの 1 つが，1970
年代から Rosen（1974）等によって展開されてきたのがヘドニック分析です。土
地や住宅は，立地，周辺環境，住宅の質など個別の物件ごとに異なっているた
め，土地市場，住宅市場は多様な質の財の集合と考えられます。通常の経済分
析においては，性質の異なる財は異なる市場を形成すると考えられますが，土
地や住宅の場合はその多様性のためこうした分析が非常に困難です。ヘドニッ

---

(4) 本節における資本化仮説とヘドニック分析については，金本（1992）によるところが大きい。よ
り詳しい解説についてはこちらを参照してください。

ク分析は，こうした多様な質を持つ財をその財の持つ特性の集合体として捉え，その特性の集合体をあたかも同質の財として分析する方法です。財・サービスの価格は特性の束からなるという方程式（ヘドニック価格関数）を利用し，需要者が財の質や特性に対して，どの部分にどの程度の価値を見出しているのかを明らかにします。例えば，地価で考えてみると，地価は，広さ，地形，周辺環境などの特性によって決定されると考えます。

　ヘドニック分析による非市場財の評価については，資本化仮説と呼ばれる仮説に基礎をおいています。「資本化仮説」とは，環境や社会資本といった非市場財によって発生した便益は，地価あるいは住宅価格（より正確には，地代あるいは家賃）に帰着するというもので，地価と非市場財を含めた様々な属性の関係を表す市場地価関数の推定によって便益の評価が可能になります。

　金本（1983, 1992）では，資本化仮説が成立する条件として以下の条件を挙げています。

① 地域の開放性：地域間の移動が自由で移住費用がかからない。
② 消費者の同質性：全ての消費者が全ての財・サービスに対して同じ評価をし（同じ効用関数をもつ），同じ所得を持つ。
③ 評価対象となる非市場財の変化が小さい，非市場財の影響範囲が小さい，土地と他の消費財との代替性がない，のいずれかひとつ。

　これらの条件が，資本化仮説の成立に果たしている役割を簡単に説明すると以下のようになります。ある環境の変化があった地域の消費者から見ていくと，消費者の同質性の下では，環境の改善があった場合，その地域の住民の効用は上昇するものの，地域の開放性の仮定により他地域からの流入し地価が上昇します。地価の上昇は，その地域の住民の効用の低下をもたらします。

　評価対象となる非市場財の変化が小さい，非市場財の影響範囲が小さい，のいずれかの条件が成立しているならば，環境の変化により他の地域の消費者の

---

(5) より厳密に定義すると，資本化仮説は，環境改善や社会資本整備の前後で比較して，どのくらい地価や住宅価格が上昇したかをみる時系列的なものと，ある一時点において，環境のよいところと悪いところの不動産価格の差をみる横断的なものとに分類されます。ヘドニック分析は後者に関するものに基礎を置いています。

効用は変化することはありません。そのため，環境の変化があった地域への流入は地価の上昇により，その地域の消費者の効用水準が他の地域の効用水準と再び等しくなるまで続くことになります。最終的に，全ての地域の効用水準は等しくなり地価のみが上昇します。その結果，非市場財の影響が完全に地価に帰着することになります。

　ヘドニック価格関数は，市場価格に対して非市場財を含めた住宅や土地の属性を回帰させることで得られ，推定されたパラメータはその属性の1単位あたりの価格（限界価格）となります。消費者の同質性を仮定しているため，ヘドニック分析で推定する市場価格関数と，各消費者が設定する付け値関数が一致します。したがって，ヘドニック価格関数によって推定された限界価格は，環境悪化の場合，需要者が同じ水準の効用を保つために必要な価格の下落幅，すなわち補償変分の意味での受取意思額（WTA）として解釈できます。ただし，②消費者の同質性が成立しないときは，市場価格関数の推定による環境損失は過小評価になることが知られています。これは，ヘドニック価格関数（市場価格関数）に，下から接している消費者の付値関数の曲率が市場価格関数に比べて大きいためです。[6]

　このように，ヘドニック分析は非市場財の環境などを計測し，様々な政策評価等に用いられます。応用例を章参考資料に記しておきますので参考にしてください。

　この教科書で取り上げた自主研究ではヘドニック分析に加え，差分の差法（DID, Difference-in-Differences）や回帰不連続デザイン（RDD, Regression Discontinuity Design）などは学部生でも利用できると思います。[7]

---

(6) 近年のヘドニック分析の議論については，やや難解ですが章末参考資料の Kelly C. Bishop et al. (2020) 年を参考にしてください。
(7) DID, RDD についても解説サイトに載せてあります。

参考資料

浅子和美・常木淳・福田慎一・照山博司・塚本隆・杉浦正典（1994）「社会資本の生産力効果と公共投資政策の経済厚生評価」経済企画庁経済研究所『経済分析』135

井上綾子（2006）「救急搬送者数と救急搬送時間の増加をもたらす要因とその対策について」『応用地域学研究』応用地域学会（11），pp.71-85

井堀利宏（2010）「政府間財政によるソフトな予算制約」井堀利宏編『財政政策と社会保障』慶應義塾大学出版会

井堀利宏・小西秀樹（2016）『政治経済学で読み解く政府の行動——アベノミクスの理論分析』木鐸社，第7章

今田幸子・池田心豪（2006）「出産女性の雇用継続における育児休業制度の効果と両立支援の課題」『日本労働研究雑誌』553，pp.34-44

岩本康志（1990）「日本の公共投資政策の評価について」『経済研究』41，pp.250-261

岩本康志（2005）「社会資本は役立っているのか」大竹文雄『応用経済学への誘い』日本評論社

岩本康志・福井唯嗣（2014）「医療・介護保険の平準保険料方式への移行」『季刊社会保障研究』50（3），pp.324-338

大石亜希子（2003）「母親の就業に及ぼす保育費用の影響」『季刊社会保障研究』39（1），pp.55-69

大竹文雄・岡村和明（2000）「少年犯罪と労働市場——時系列および都道府県別パネル分析」『日本経済研究』40

大橋弘編（2020）『EBPMの経済学——エビデンスを重視した政策』東京大学出版会

金本良嗣・蓮池勝人・藤原徹（2006）『政策評価ミクロモデル』東洋経済新報社

河端瑞貴（2022）『経済・政策分析のためのGIS入門1：基礎』〔二訂版〕古今書院

河端瑞貴（2017）『経済・政策分析のためのGIS入門2：空間統計ツールと応用』古今書院

北村亘（2013）『政令指定都市』中公新書

黒田達朗・中村良平・田渕隆俊（2008）『都市と地域の経済学』〔新版〕有斐閣

河野達仁・瀬賀皓介・瀬谷創（2018）『ヘドニックアプローチによる無電柱化の便益の計測』日交研シリーズ．A 日本交通政策研究会719，pp.1-21

小谷将之（2021）「中核市移行の地方財政への影響に関する分析」mimeo

駒村康平（1996）「保育需要の経済分析」『季刊社会保障研究』32（2），pp.210-223

斎藤史郎編著（2017）『逆説の日本経済論』PHP 研究所

佐藤泰裕（2022）「東京 23 区は一極集中の象徴か究極のコンパクトシティか」WEDE infinity 2022/02/01

佐藤泰裕（2014）『都市・地域経済学への招待状 有斐閣ストゥディア』有斐閣

滋野由紀子・大日康史（1999）「保育政策が出産の意思決定と就業に与える影響」『季刊社会保障研究』35（2），pp.192-207

国立社会保障・人口問題研究所（2018）『第 8 回人口移動調査』

白石小百合・鈴木亘（2002）「保育サービス供給の経済分析――認可・認可外保育所の比較」Jcer discussion paper，83

宅間文夫・山崎福寿・浅田義久・安田昌平（2014）「木造住宅密集地域の現状と課題について」『季刊 住宅土地経済』94，pp.26-35

土居丈朗（1996）「日本の都市財政におけるフライペーパー効果」『フィナンシャル・レビュー』40，pp.95-119

徳井丞次編著（2018）『日本の地域別生産性と格差』東京大学出版会

豊田哲也（2012）「所得の地域格差と首都圏の空間構造」人間社会文化研究徳島大学総合科学部，20，pp.51-62

直井道生・佐藤慶一・永松伸吾・松浦広明（2018）「南海トラフ巨大地震による想定津波高と市区町村間人口移動の実証分析」，*New ESRI Working Paper*，45

八田達夫（2014）『ミクロ経済学 I ――市場の失敗と政府の失敗への対策』東洋経済新報社

林正義(2009)「公共資本の生産効果：動学パネルによる再考」『財政研究』5，pp.119-140

林亮輔（2013）「市町村合併による財政活動の効率化――合併パターンを考慮した実証分析」『会計検査研究』47，pp.27-38

株式会社不動産経済研究所（2022）『不動産経済 マンションデータ・ニュース』

星子美智子，原邦夫，石竹達也（2010）「「中核市」移行に対する住民期待の変化 とくに保健所新設に関して」『日本公衛誌』57（1），pp.44-49

増田寛也（2014）『地方消滅――東京一極集中が招く人口急減』

増田悦佐（2002）「都市再生こそ日本経済活性化の王道」『エコノミックス』7，pp.144-151

三井清・林正義（2000）「社会資本の地域別・事業別配分」『社会科学研究』52（4），pp.3 -26

八代尚宏・鈴木亘・白石小百合（2006）「保育所の規制改革と育児保険——少子化対策の視点から」『日本経済研究』53，pp.194-220

安田昌平・宅間文夫（2020）「京都市の細街路が住宅価格・賃料に及ぼす影響に関する研究」，日本不動産学会誌，132，pp.49-57

山鹿久木・八田達夫（2000）「通勤の疲労コストと最適混雑料金の測定」『日本経済研究』日本経済研究センター，41，pp.110-131

山崎福寿・浅田義久（1999）「鉄道の混雑から発生する社会的費用の計測と最適運賃」『住宅土地経済』日本住宅総合センター，34，pp.4-11

山崎福寿・中川雅之（2020）『人口減少時代の住宅土地問題』東洋経済新報社

Akerlof, G (1970),"The market for lemons : quality uncertainty and the market mechanism", *Quarterly Journal of Economics*, 84（3），pp.488-500

Asai, Yukiko, Kambayashi, Ryo and Shintaro, Yamaguchi（2015）"Childcare availability household structure, and maternal employment" *Journal of The Japanese and International Economics*, 38, pp.172-192

Bishop, Kelly C., Kuminoff, Nicolai V, Banzha, H Spencer, Boyle, Kevin J, von Gravenitz, Kathrine, Pope, Jaren C, Smith, V Kerry, Timmins, Christopher D（2020）"Best Practices for Using Hedonic Property Value Models to Measure Willingness to Pay for Environmental Quality" *Review of Environmental Economics and Policy*, 14, （2），pp 260-281

Klassen, L.H.and Paelinck, J. H. P.(1979),"The Future of large towns" *Environment and Planning*, 11（11L）.

OECD（2012），"Compact City Policies : A Comparative Assessment", *OECD Green Growth Studies*, OECD Publishing.

Ravenstein, E. G.(1885),"The Laws of Migration", *Journal of the Statistical Society of London*, 48（2），pp.167-235.

Ravenstein, E. G.(1889),"The Laws of Migration", *Journal of the Royal Statistical Society*, 52（2），pp.241-305.

お薦めの本・論文

▶ミクロ経済学

　近年はミクロ経済学もゲーム論や行動経済学などかなり範囲が広くなってきました。また，分かりやすさや施策的な検討が豊富なものまで様々です。①は住宅や都市をはじめ日本の経済問題をミクロ経済学で検討するには適しています。②，③はゲーム論など近年のミクロ経済学の分析対象も入っており，分かりやすい教科書になっています。住宅に大きな影響を及ぼす情報の非対称性については④をみてください。大学院に進学希望の方は⑤をお薦めします。

① 八田達夫（2008，2009）『ミクロ経済学 I』『ミクロ経済学 II』東洋経済新報社

② 神取道宏（2014）『ミクロ経済学の力』東洋経済新報社

③ レヴィット（2017）『ミクロ経済学—基礎編』『ミクロ経済学—基礎編』東洋経済新報社

④ 神戸伸輔（2004）『入門ゲーム理論と情報の経済学』日本評論社

⑤ 林貴志（2013）『ミクロ経済学』〔増補版〕ミネルヴァ書房

▶都市経済学　中・上級編

　「第3章　都市の住宅立地」をさらに深める教科書を紹介します。

　いずれも数学を用いていますので上級編になると思います。

① 高橋孝明（2012）『都市経済学』有斐閣ブックス

② 黒田達朗・中村良平・田渕隆俊（2008）『都市と地域の経済学』〔新版〕有斐閣ブックス

③ 金本良嗣・藤原徹（2016）『都市経済学』〔第2版〕東洋経済新報社

　地方公共財の供給を考慮した単一中心都市モデルについては，下記の教科書が詳しく分析されています。⑤は都市経済学で最も優れた教科書だと思います。すでに版権が切れており、Web上で公開されています。検索してみてください。

④ Fujita, Masahisa（1989）*Urban Economic Theory : Land Use and City Size*, Cambridge University Press.

⑤ Kanemoto, Yoshitsugu（1980）*Theories of Urban Externalities*, North-Holland

▶公共経済学

公共経済学の教科書は多く出版されています。下記①〜②は経済数学の知識がなくても理解できます。③は広範な分野を分かりやすく説明していますが，経済数学をある程度理解している人にお薦めできます。

① 井堀利宏（2005）『ゼミナール公共経済学入門』日本経済新聞社

② スティグリッツ（2004）『公共経済学』（上），（下）東洋経済新報社

③ 土居丈朗（2018）『入門 公共経済学』〔第 2 版〕日本評論社

④，⑤，⑥はやや異色で，④はミクロ経済学使って様々な政策を評価している教科書で，ミクロ経済学の教科書としても適しています。⑤は①〜③のような純粋な公共経済学だけではなく，日本の公共投資や社会保障，公共交通など実際の日本の問題点を公共経済学の視点で解き明かしています。⑥は公共経済学でも都市経済学に焦点をあてていますので，本書のサブテキストとしては適しています。

④ 伊藤隆敏（2017）『公共政策入門——ミクロ経済学的アプローチ』日本評論社

⑤ 奥野信宏（2008）『公共経済学』〔第 3 版〕岩波書店

⑥ 中川雅之（2008）『公共経済学と都市政策』日本評論社

▶産業組織論

産業組織論では①〜③が代表的な教科書ですが，NTT 出版からは『講座・公的規制と産業』というシリーズが出ています。やや古いのですが本章で扱っているような産業に関して問題点を明らかにしています。電力に関しては④が参考になります。

① 長岡貞男・平尾由紀子（2013）『産業組織論の経済学』〔第 2 版〕日本評論社

② 小田切宏之（2001）『新しい産業組織論』有斐閣

③ 植草益・竹中康治・菅久修一・井手秀樹・堀江明子（2002）『現代産業組織論』NTT出版

④ 八田達夫・田中誠（2004）『電力自由化の経済学』東洋経済新報社

▶医療経済学

医療経済学では，以下の①が教科書としては分かりやすいと思います。本書のように地域経済で考えるなら②を参考に実証分析してみてください。

① 橋本英樹・泉田信行編（2017）『医療経済学講義補訂版』東京大学出版会

② 地域差研究会（2001）『医療費の地域差』東洋経済新報社

▶交通経済学

　交通経済学は，経済学をバックグラウンドとする研究者と，工学系の交通工学をバックグラウンドとする研究者によってやや分析スタイルが異なっています。また，経済学の中でも産業を重視する研究者と市場分析を行う研究者がいますが，本書は主に市場分析を対象にしています。

　交通経済学を対象にした教科書としては下記①がありますが，経済数学を理解していないと難しいかもしれません。数学が苦手な人には②，③がお薦めです。

① 山内弘隆・竹内健蔵（2002）『交通経済学』有斐閣

② 竹内健蔵（2018）『交通経済学入門』有斐閣

③ 田邉勝巳（2017）『交通経済のエッセンス』有斐閣

　交通政策を経済学の理論をもとに分析した専門書はいまだに④が最適だと思います。同様に，交通に関する規制を分析したものとしては⑤が適していると思います。⑥は上記の交通経済学者と交通工学者による優れた道路投資の分析になっています。また，⑦は交通混雑を緻密な理論分析を行っている名著です。

④ 奥野正寛・篠原総一・金本良嗣（1989）『交通政策の経済分析』日本経済新聞社

⑤ 金本良嗣・山内弘隆（1995）『講座・公的規制と産業4　交通』NTT出版

⑥ 森地茂・金本良嗣（2008）『道路投資の便益評価——理論と実践』東洋経済新報社

⑦ 文世一（2005）『交通混雑の理論と政策——時間・都市空間・ネットワーク』東洋経済新報社

▶財政学

　財政学の教科書として，下記をお薦めします。

① 井堀利宏（2013）『財政学』〔第4版〕新世社

② 土居丈朗（2017）『入門 財政学』日本評論社

　地方財政に関しては以下を参考にしてください。

③ 佐藤主光（2011）『地方税改革の経済学』日本経済新聞社

④ 土居丈朗（2000）『地方財政の政治経済学』東洋経済新報社

⑤ 土居丈朗（2004）『地方分権改革の経済学』日本評論社

⑥　赤井伸郎・佐藤主光・山下耕治（2003）『地方交付税の経済学——理論・実証に基づく改革』有斐閣

▶計量経済学（全般）

　日本語で書かれた計量経済学の教科書として，下記①～④をお薦めします。①～②は初学者が計量経済学の理論的な基礎を学ぶのに適しており，③は理論から応用まで幅広く網羅されています。④はある程度の理論的基礎が前提となっていますが，ミクロ計量経済学の実証分析の実践に役立ちます。

①　山本拓・竹内明香（2013）『入門計量経済学——Excel による実証分析へのガイド』新世社

②　山本拓（1995）『計量経済学』新世社

③　西山慶彦・新谷元嗣・川口大司・奥井亮（2019）『計量経済学』有斐閣

④　Angirst, J. D. and Pischke, J.（大森義明・田中隆一・野口晴子・小原美紀訳）（2013）『「ほとんど無害」な計量経済学——応用経済学のための実証分析ガイド』NTT 出版

▶STATA を使った計量経済学

　STATA を使った計量経済学の教科書として，下記①～④をお薦めします。

①　田中隆一（2015）「計量経済学の第一歩——実証分析のススメ」有斐閣

②　筒井淳也・水落正明・秋吉美都・坂本和靖・平井裕久・福田亘孝（2011）『Stata で計量経済学入門』〔第 2 版〕ミネルヴァ書房

③　松浦寿幸（2015）『Stata によるデータ分析入門』〔第 2 版〕東京図書

④　Cameron, A. C., and Trivedi, P. K.（2010）. *Microeconometrics Using Stata*, Revised Edition. Stata Press. College Station.

▶ヘドニック分析

　ヘドニック分析を用いた筆者たちの実証分析の主な論文を以下に記します。自主研究でヘドニック分析を行うときはこれらを参考にしてください。①は大阪国際空港の騒音被害をヘドニック分析で行ったものです。これによって，大阪国際空港を離発着する航空機の社会的費用を計測したものです。②は住宅の資本コストを売買データから求めたもので，オーソドックスなヘドニック分析ですが，これによって住宅のテニアチョイスの検

討ができます。③は非市場財である混雑外部性を賃貸マンションの賃料関数から推計したものです。これも，混雑が家賃に帰着することから，このような興味深い分析ができるという例になります。④は近年注目を集める地震のリスクが地価に反映されているかを検証している研究です。⑤京都の非常に狭い路地は，住宅価格にどのような影響をもたらしているのかを分析しています。⑥東日本大震災のときの原子力発電所の事故のインパクトを，ヘドニック分析を用いて算出している例です。これらの分析はいずれも市場では取引されないような環境質の価値を，ヘドニック分析を用いることで具体的な金額として算出しています。

①　岩田規久男・浅田義久（1985）「交通騒音の社会的費用の計測」『季刊環境研究』55，pp.124-132

②　生田遼羽・浅田義久（2019）「持ち家・貸家選択に影響を及ぼす資本コスト（表面利回り）の経年分析」『2019 年度秋季全国大会論文集 35』日本不動産学会

③　八田達夫・山鹿久木（2006）「通勤の疲労費用の効用関数を特定しない測定」『RIETI Discussion Paper』No 06-J-011

④　顧濤・中川雅之・齊藤誠・山鹿久木（2011）「活断層リスクの社会的認知と活断層帯周辺の地価形成の関係について——上町断層帯のケース」『応用地域学研究』16，pp.27-41。

⑤　安田昌平・宅間文夫（2020）「京都市の細街路が住宅価格・賃料に及ぼす影響に関する研究」『日本不動産学会誌』132，pp.49-57

⑥　Kawaguchi, D, Yukutake, N（2017）"Estimating the residential land damage of the Fukushima nuclear accident" *Journal of Urban Economics*, 99, pp.148-160

索 引

《著者紹介》執筆分担

浅田義久（あさだ　よしひさ）　はじめに　第Ⅰ部　第Ⅲ部　自主研究のために

　　日本大学経済学部教授
　　1985年上智大学大学院経済学研究科博士前期課程修了（経済学修士）
　　著書に『都市経済学』（共著）日本評論社，2008年，『都市再生の経済分析』（共著）東洋経済新報
　　社，2003年等がある。

山鹿久木（やまが　ひさき）　第Ⅱ部

　　関西学院大学経済学部教授
　　2001年大阪大学大学院経済学研究科博士後期課程修了（経済学博士）
　　著書に『地域政策の経済学』（共著）日本評論社，2018年等がある。

入門都市経済学

2023年10月20日　初版第1刷発行　　　　　　　　〈検印省略〉

定価はカバーに
表示しています

著　　者　　浅　田　義　久
　　　　　　山　鹿　久　木
発　行　者　　杉　田　啓　三
印　刷　者　　藤　森　英　夫

発行所　株式会社　ミネルヴァ書房
607-8494　京都市山科区日ノ岡堤谷町1
電話代表　（075）581-5191
振替口座　01020-0-8076

ISBN978-4-623-09564-3
Printed in Japan

A・H・ストゥデムント 著　高橋青天 監訳
計量経済学の使い方　上 ［基礎編］
A 5 ・264頁
本体2,800円

A・H・ストゥデムント 著　高橋青天 監訳
計量経済学の使い方　下 ［応用編］
A 5 ・312頁
本体3,500円

室山義正 シリーズ監修　浦井憲／吉町昭彦 著
ミクロ経済学（Minerva ベイシック・エコノミクス）
A 5 ・364頁
本体3,000円

林　貴志 著
ミクロ経済学 ［増補版］
A 5 ・536頁
本体4,500円

筒井淳也／平井裕久ほか 著
Stata で計量経済学入門 ［第 2 版］
A 5 ・278頁
本体3,000円

麻生良文 著
マクロ経済学入門 ［第 2 版］
A 5 ・348頁
本体3,500円

室山義正 シリーズ監修　中西訓嗣 著
国際経済学 国際貿易編（Minerva ベイシック・エコノミクス）
A 5 ・392頁
本体3,500円

室山義正 シリーズ監修　岩本武和 著
国際経済学 国際金融編（Minerva ベイシック・エコノミクス）
A 5 ・304頁
本体3,000円

アーサー・セシル・ピグー 著　高見典和 訳
ピグー　知識と実践の厚生経済学
四六・312頁
本体4,000円

ロイ・ハロッド 著　中村隆之 訳
功利と成長の動態経済学
A 5 ・274頁
本体6,000円

ミネルヴァ書房

https://www.minervashobo.co.jp/